글 | 장 미셸 드크케 페르공
프랑스 역사학자이며 학생들을 가르치는 선생님이다. 《나폴레옹, 나는 곧 제국이다》《나폴레옹의 발자취를 찾아서》《유럽: 역사의 만남들》 등 역사 분야에 대한 여러 권의 저서가 있다.

그림 | 모리스 포미에
1946년 오트비엔 지방의 벨라크에서 태어났다. 오랫동안 우체국 직원으로 일하면서 40년 가까이 삽화가로 활동하였는데, 특히 건축 그림과 같은 사실적인 묘사가 뛰어나기로 유명하다. 직접 글을 쓰고 그린 책으로《소년 선원의 가방》《시대별로 보는 농장》《성채들》 등이 있다.

옮긴이 | 최정수
연세대학교 불어불문학과 및 동대학원을 졸업하고 전문번역가로 활동하고 있다. 옮긴 책으로는 《연금술사》《꼬마 니콜라의 쉬는 시간》《내 나무 아래에서》《위에트 아저씨가 들려주는 천문항해의 비밀》 등이 있다.

초 판 1쇄 2006년 9월 30일 발행
개정판 2쇄 2013년 1월 5일 발행

글 장 미셸 드크케 페르공 | 그림 모리스 포미에 | 옮김 최정수 | 발행처 종이비행기 | 발행인 나성훈 | 편집인 전유준
편집 김지현 이승민 | 교정·교열 최성옥 | 디자인 이영수 강혜경 홍진희 | 특판책임 채청용 | 제작책임 정병문 | 홍보책임 박일성
주소 서울 강남구 삼성동 153 | 전화 02-538-5003 | 팩스 02-539-5003 | 등록 제16-3584호 | ISBN 978-89-6719-013-2 74900

ⓒ Éditions Gallimard Jeunesse, Paris, 2003. All rights reserved.
Korean translation Copyright ⓒ 2006 by JB-FLY Publishing Co.
Korean edition is published by arrangement with Gallimard Jeunesse through Sibylle Books Literary Agency.
이 책의 한국어판 저작권은 Sibylle Books Literary Agency를 통해 Gallimard Jeunesse와 독점 계약한 종이비행기에 있습니다. 저작권법에 의해 한국 내에서 보호를 받는 저작물이므로 무단전재와 무단복제를 금합니다.

● **종이비행기**는 예림당의 가족회사로, 새로운 시각과 폭넓은 콘텐츠로 다가가는 **인문 과학 분야 전문 브랜드**입니다.

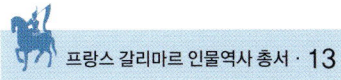 프랑스 갈리마르 인물역사 총서 · 13

잔 다르크

장 미셸 드크케 페르공 글 | 모리스 포미에 그림 | 최정수 옮김

종이비행기

《프랑스 갈리마르 인물역사 총서》를 펴내면서

앞으로 우리 교육 환경은 쉼 없는 지식의 성장과 진화를 요구합니다. 하나의 주제에 대해 생각하는 데에도 종합적인 사고와 깊은 통찰이 있어야 합니다.

《프랑스 갈리마르 인물역사 총서》 시리즈는 우리 어린이와 청소년들이 꼭 읽고, 익혀야 할 학습 내용을 쉽고 풍부하게 전달하는 데 초점을 맞추었습니다. 이 시리즈는 인문 교양 지식 분야에서 세계 최고를 자랑하는 프랑스의 갈리마르 출판사에서 발행한 역사, 인물, 신화, 문명에 대한 종합적인 교양서입니다.

이 시리즈에 들어 있는 주제들은 모두 어린이, 청소년, 어른까지도 꼭 알아야 할 내용들로 매우 흥미진진합니다. 세상이 처음 만들어진 이야기부터 한 시대를 이끈 영웅담, 고대 문화, 문명, 지리, 역사적 배경까지……. 마치 한 편의 웅장한 역사 드라마를 보는 것과 같습니다. 그 이야기를 누구나 쉽게 이해할 수 있도록 맛깔스럽게 구성하였습니다. 거기에 역사적 사건이나 당시의 상황을 뒷받침하는 풍부한 자료들을 덧붙여 먼 과거의 숨결이 살아 있는 듯 생생한 감동을 불러일으킵니다. 각각의 주제마다 모든 분야의 최고 전문가들이 하나하나 정성을 기울인 작품입니다.

첫째 지식 교양의 기초가 되는 신화, 역사, 문화, 인물의 발자취가 가득합니다.
로마, 율리시스, 이집트 신, 노예, 해적, 클레오파트라와 같은 인류 역사의 커다란 쟁점들을 사실적으로 재현하여, 놀라운 지식들을 경험할 수 있는 세계로 안내합니다.

둘째 어렵고 딱딱한 역사 지식을 전설이나 신화 같은 이야기로 흥미롭게 전달합니다.
쉽고 간결한 이야기체 구성으로 초등학생부터 청소년, 학부모에 이르기까지 누구나 단숨에 읽고, 쉽게 공감할 수 있습니다.

셋째 역사적 사실과 상상력을 바탕으로 한 구체적인 정보를 알차게 실었습니다.

이야기 중간 중간마다 그 당시의 역사적 사실과 배경 지식을 알 수 있는 다양한 사진이나 그림, 기록물을 꼼꼼히 넣고, 백과사전 같은 설명을 곁들여 학습 효과를 높여 줍니다.

넷째 원작이 주는 고유의 분위기나 상황을 충실히 살렸습니다.

지금까지 알려진 여러 가지 이야기 중에서도 가장 원전에 가까운 설화와 번역본, 문체까지 충실히 살려 독자들에게 정확한 교양 지식 길라잡이가 됩니다.

다섯째 학생들의 교과 과정과 관련 있으면서도 교과서에 나오는 내용 이상의 필수 지식이 실려 있습니다.

이 책은 교과서의 단편적인 내용을 보다 입체적으로 새롭게 보여 줍니다.

그 밖에도 《프랑스 갈리마르 인물 역사 총서》가 주는 매력은 한두 가지가 아닙니다. 우리가 모르고 그냥 지나쳤던 역사의 수많은 발자취를 새롭게 발견할 때의 기쁨이란 이루 말할 수 없습니다. 그 기쁨의 주인공은 이제 여러분입니다.

이 책을 읽으면서 우리가 알고 있는 세계 역사와 문화를 보다 다양하고 입체적으로 바라볼 줄 아는 지혜를 얻길 바랍니다.

일러두기
① 국립국어원의 표기법에 따르며, 인명·지명은 되도록 해당 지역의 표기법에 따르도록 노력하였습니다.
② 세계 설화의 원문을 객관적으로 충실히 반영하여 독자에게 정확한 사실을 전달하는 것을 원칙으로 삼았습니다.
③ 어린 독자들에게는 좀 어려운 어휘 구사(반복, 비교 따위)를 고려하여, 완전히 각색하지 않고, 가급적 눈높이를 맞추도록 하였습니다.

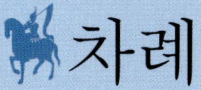# 차례 contents

나 피에르, 잔의 형제 10

어린 시절 22

동레미에서의 마지막 몇 개월 34

보쿨뢰르로 출발하다 44

양치기 소녀와 프랑스 왕세자 56

기다림 70

첫 번째 전투 80

승리의 시간 92

체포 106

감옥에서 화형대로 120

8 잔의 기마 여행

20 백 년 전쟁

32 기독교 신앙

42 중세 말의 여자들

54 성인들

68 도시들

78 잔의 여정

90 포위 전쟁

104 왕권의 성지들

118 전사들의 무장

132 정의

134 역사 속에 나타난 잔

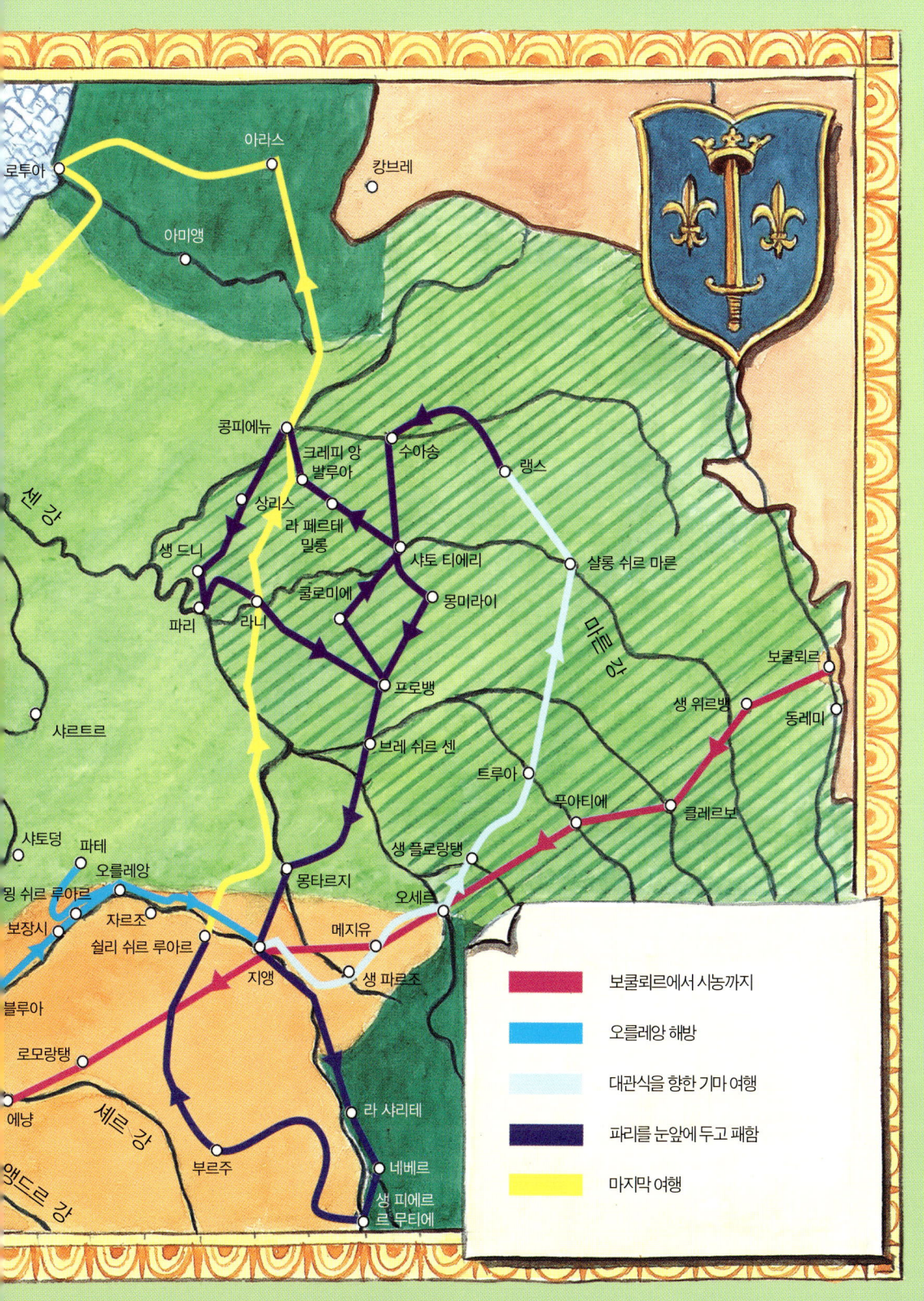

나 피에르,
잔의 형제

리스의 기사이고 잔 라 퓌셀*의 마지막 남은 형제인 나, 피에르는 서력* 1455년 12월 오를레앙에서 과거의 기억들을 되살려 기록을 하기로 결심했다. 나는 서기*가 아니기 때문에 펜을 잡은 손이 떨려 온다. 하지만 일단 결심했으니, 정의롭게 기록할 것이며, 내게 남은 생을 그 일에 바칠 것이다.

왕국 최고위층 사람들부터 하층민들에 이르기까지 내게 많은 질문을 했고, 나는 수천 번이나 대답했다. 나는 정의의 이름으로 사실들을 여러 번 증명했다. 그러나 나는 늙어 가고 있고, 하느님께서 나를 참여시키셨던 그 놀라운 이야기를 사실에 가깝게 전해야 한다는 의무감을 느낀다. 고백하건대, 나는 그 이야기 속의 보잘것없는 등장인물이다. 그리고 특권을 부여받은 증인이기도 하다. 어떤 사람

라 퓌셀
잔 다르크의 별칭. '처녀'라는 뜻이다.

서력
예수가 태어난 해를 원년으로 하는 달력.

서기(書記)
문서의 기록을 맡아보는 사람.

환멸
이상이나 희망이 깨어졌을 때 느끼는 허무한 마음.

완수
목적을 완전히 달성함.

바루아 무방
프랑스 동부의 로렌 지방. 당시 프랑스 왕국에 속해 있었다.

서글서글하다
부드럽고 상냥하다.

고백 성사
가톨릭에서 하느님의 대리인인 사제에게 죄를 고백하는 것.

들은 솜씨 좋게 돌려 말할 수도 있을 것이다. 그러나 나는 어린 시절의 기쁨과 슬픔을 함께 나눈 사랑했던 형제이기에, 영광과 환멸*을 가져다준 잔의 특별한 행적과 역사적 사실들을 좀더 자세히 설명할 수 있을 것이다.

　수년 동안 질문 하나가 나를 따라다녔다. 그 질문은 매일 나를 괴롭힌다. 왜 잔이었을까? 왜 주님께서는 당신의 계획을 완수*하는 사람으로 잔을 택하셨을까? 우리 집안은 전쟁이나 정치와 상관없는, 바루아 무방*의 경계 끝에 사는 소박한 농사꾼 집안이었다. 하느님께서는 당신의 창조물에 대해 잘 아신다. 불쌍한 사람은 사랑과 관심을 받지 못하는 사람이 아니라 가장 큰 힘을 가진 사람이다. 그래서 하느님께서는 당신의 아들을 소박한 양치기들에게 보내셨다. 그렇다 해도 왜 잔이었을까? 왜? 그 많은 사람들 중에 하필이면 왜 우리 잔에게? 내 누이동생 잔은 유쾌한 아이였다. 그 아이는 서글서글하고* 신앙심이 깊었다. 우리는 늘 함께 놀았다. 가끔 우리는 잔이 툭 하면 교회에 간다고, 고백 성사*를 너무 자주 한다고 놀려 대곤 했다. 물론 우리 중 어느 누구도 잔에게 그런 일이 일어날 거라고는 상상하지 못했다. 잔도 그랬을 것이다. 하지만 잔은 그 목소리를 들었고, 자신의 운명을 결정하게 된 것이다.

어렸을 때 우리 마을에 예언* 하나가 떠돌았다. 잔과 내가 태어나기 훨씬 전에, 남부 산악 지방에서 온 어느 농사짓는 여인이 그 예언을 했다고 한다. 그것은 로렌 변경*에 사는 한 처녀가 프랑스를 구원할 거라는 예언이었다. 나중에, 오를레앙이 해방되기 직전에 잔은 그 예언을 나에게 다시 일깨워 주었다. 예언 이야기는 여기서 끝내겠다. 이미 지나간 일이니까. 어쨌거나 잔이 들은 목소리는 평소와 달리 자세했다. 오를레앙 포위 공격을 풀고 샤를 왕세자*가 랭스에서 축성*을 받게 하라는, 그리고 영국인들을 프랑스 밖으로 몰아내라는 내용이었다.

지금 생각하면 그 일들이 매우 오래전 일 같다. 전쟁*도 옛이야기로 느껴진다. 그 여름, 배들이 루아르 강을 부드럽게 거슬러 올라갈 때, 나는 밀 이삭들이 태양 아래 금빛으로 천천히 물들어 가는 것을 보았다. 더불어 화재와 죽음을 불러오는 약탈과 살인, 지평선까지 가득 차는 검은 연기, 그것들이 주는 두려움을 납득*하느라 힘들어하고 있었다. 우리는 동레미로 도망가 뇌프샤토의 벽들 뒤에서 피난처를 찾아야만 했다. 나는 내가 참여했던 미친 듯한 전투들을 잊었고, 공격할 때 터져 나오던 외침들, 죽어 가는 사람들의 신음 소리, 썩은 시체에서 나는 피비린내도

예언
미래에 일어날 일을 미리 말하는 것.

변경
나라의 경계가 되는 변두리의 땅.

샤를 왕세자
샤를 7세. 1422년에서 1461년까지 프랑스의 왕이었다.

축성
성유를 붓는 의식을 치름으로써 왕에게 거룩함을 부여하는 것.

전쟁
백 년 전쟁을 말한다(20~21쪽을 볼 것).

납득
그럴 만하거나 그럴 수밖에 없겠다고 생각하여 긍정하는 것.

잊었다. 지하 감옥의 짚으로 된 잠자리도 기억하지 못한다. 우리 왕세자께서 이기셨다. 프랑스는 이제 영국으로부터 자유롭다!

나에게는 서력 1449년이 전쟁이 끝난 해이다. 그때 샤를 왕세자께서 루앙으로 장엄하게 입성*하셨다. 영국인들 손에 넘어갔던 도시 말이다. 내 누이동생 잔의 복수를 해 준 셈이었다. 왕세자께서 루앙에 계시다는 것은 오를레앙 해방 이후 사명*이 완수되었다는 뜻이었다.

사명에 대한 우리 왕의 태도가 변했다는 것도 말해야 할

입성
성 안으로 들어감.

사명
맡겨진 임무.

까? 랭스에서 대관식*을 올린 이후 왕께서는 자신을 온전한 왕으로 만들어 준 운명에 더는 관심을 갖지 않는 듯 보였다. 그가 늘 원했던 정치적 지상 명령*은 잔의 맹렬한 공세를 오히려 두려워하는 것 같았다. 나는 또한, 왕께서 잔을 감옥에서 꺼내 주고 화형*을 피하게 해 주기 위해 할 수 있는 일을 다 하지 않았다는 사실을 여전히 납득하지 못하고 있다. 왕께서는, 잔이 영국인들 그리고 그들과 동맹을 맺은 부르고뉴파에게 머리를 조아렸다는, 영국인들의 주장을 정말로 믿었던 걸까? 왕께서 잔을 버린 것은 아니지

대관식
임금이 즉위한 뒤에 처음으로 왕관을 쓰게 되는 의식

지상 명령
절대적으로 복종해야 할 명령.

화형
죄인을 불에 태워 죽이는 것.

유치
어떤 사람을 어떤 장소에 가두어 둠.

특사
특별한 임무를 주어 외국에 내보내는 사절.

신학자
종교적인 문제들을 연구하는 사람.

궁륭
무지개나 활등처럼 높고 길게 굽은 모양으로 된 천장.

만, 잔을 구하기 위해 온 힘을 다하지도 않았다는 말이다.

잔이 루앙에 유치*된 이후, 왕께서는 잔이 그에게 얼마나 충성스러운지 아시는 상태에서 조사를 진행하기로 결정하셨다. 나와 우리 가족은 처음으로 정의가 실현될 거라고 믿었다. 하지만 샤를 왕께서는 잔을 처형하는 일이 얼마나 부당하고 잔인한지 깨닫지 못하셨단 말인가?

그 이후 잔을 구하기 위해 많은 노력이 기울여졌다. 우선 판결을 담당하는 교회가 잔 사건을 다시 심의해야 했다. 교황의 새 특사*이며 우리 가족이 오랫동안 감사했던 기욤 데스투트빌이 열성적으로 그 일을 맡았다. 그는 모든 증인들을 다시 한 번 심문하고, 신학자*들의 자문을 구했으며, 결정적으로 재판을 다시 하기로 했다.

그리하여 지난 11월 7일, 파리의 노트르담 성당에서 그 위대한 일이 펼쳐졌다. 나는 그런 어머어마한 군중을 한 번도 본 적이 없었다.

군중은 오로지 잔을 위해 그 커다란 교회의 궁륭* 아래로 모여들었다. 잔이 죽은 뒤 많은 세월이 흘렀지만 잔의 이름은 많은 군중을 불러 모았다.

수많은 오를레앙 주민들이 우리들, 그러니까 내 어머니 이자벨 로메, 내 형인 장, 그리고 나와 함께 가겠다고 했다.

우리는 긴 행렬을 이루어 교회당 중앙홀로 나아갔다.

군중의 눈엔 상복을 입은 우리 어머니만 보였다. 여러 해 동안 무거운 짐을 져 온, 너무나 큰 고통을 겪은, 긴 여행으로 기진맥진한 어머니만. 우리는 그런 어머니를 부축했다. 어머니는 한 치의 흔들림도 없이 재판을 진행할 위원들을 똑바로 바라보고 있었다. 어머니는 확고한 목소리로 입을 여셨고, 울부짖듯 단어들을 토해 냈다. 그 생각을 하면 지금도 눈에 눈물이 흐른다.

"저는 딸 하나를 두었습니다. 합법적인 결혼 관계에서 태어난 아이지요. 저는 하느님을 두려워하고 교회의 전통을 존중하며 그 아이를 키웠습니다. 그 아이의 나이와 그 아이가 처한 형편이 허락하는 한 말입니다. 그 아이는 들판과 목장에서 자랐고, 교회에 자주 갔으며, 어린 나이에도 매달 고백 성사를 하고 칠성사* 중 하나인 성찬식*에도 참여했습니다. 그 애는 신앙에서 멀어진 적이 없었고 결코 신앙에서 벗어난 마음을 품지 않았습니다. 그런데도 적들은 그 아이에게 종교 재판을 받게 했습니다. 그런 다음 법률이라고는 그림자도 보이지 않는, 지옥에서나 행할 악한 방식으로 판결을 내렸고, 잔인하게도 불에 태워 죽였습니다."

칠성사(七聖事)
예수가 정한 일곱 가지 성사. 곧 세례 성사, 견진 성사, 고백 성사, 성체 성사, 신품 성사, 혼인 성사, 병자 성사.

성찬식
예수의 최후를 기념하여 그 살과 피를 상징하는 빵과 포도주를 나누는 의식.

긴 침묵이 흘렀다. 나는 세 위원들, 랭스 대주교인 장 쥐베날 데 위르생, 파리 주교인 기욤 샤르티에, 그리고 쿠탕스 주교인 리샤르 올리비에의 눈에 온정과 이해의 빛이 담겼다고 믿었다. 그 믿음 때문에 내가 지금 이 글을 쓰고 있는 것이며, 이번 재판은 성공적으로 마무리될 거라는 희망을 갖게 된 것이다. 잔은 지금 세상에 없지만 뒤늦게라도 명예를 회복하게 될 거라고……

그래서 나는 다음과 같은 말로 내 마음을 진정시키고 싶다. 내가 적절한 단어들을 사용하여 기록하도록 주님께서 나를 도우시기를! 주님께서 한때 잔에게 주셨던 불굴*의 믿음에 반의 반만큼이라도 나에게 허락하시기를! 위협하며 질문을 퍼부은 사람들에게 잔이 했던 너무나 올곧고* 정의로운 대답들을 생각하면, 나는 지금도 어찌해야 할지를 모르겠다. 내세울 만한 점이라고는 전혀 없고 판단력도 별로 없는 나, 피에르가 역사의 한 맥락*을 제대로 밝혀낼 능력이 있을까? 어쨌건 나는 믿는다. 어떤 사람들은 이미 전설을 만들어 내려고 애쓰고 있다고.

불굴
굽히지 않음.

올곧다
바르고 곧다.

맥락
사물이 이어져 있는 연관 관계.

1337년 일어난 백 년 전쟁은 프랑스와 영국 사이의 경제적·봉건적 본질에 관한 오래된 논쟁에 불씨를 댕겼다. 영국의 에드워드 3세는 프랑스의 왕위를 요구했다.

아쟁쿠르 전투
1415년 영국 왕 헨리 5세가 쇠약해진 프랑스 왕국에 상륙했다. 그는 프랑스 군대를 쳐부수었고, 아쟁쿠르에서 많은 귀족들을 죽였다.

내란
15세기 초, 영국과의 전쟁에 설상가상으로 내란까지 일어났다. 내란은 1407년 11월 23일 오를레앙 공이 그의 사촌인 부르고뉴 공 '장 상 푀르(두려움을 모르는 장)'에게 암살당한 데 기인한다. 아르마냐크파와 부르고뉴파, 두 진영이 맞서게 되었다. 이들은 왕국을 분열시키고 쇠약하게 했다.

'장 상 푀르'의 죽음
영국의 위협이 점점 압박을 가해 왔다. 그래서 부르고뉴 공은 왕세자 샤를에게 접근하려고 애썼다. 샤를 왕세자는 왕국의 섭정으로 선포되어 있었다. 그러나 1419년 9월 10일, 몽트로 회담 때 왕세자 측의 한 남자가 '장 상 푀르'를 죽였다.

▼ 샤를 7세(1403~1461), 파리

▲ 몽트로에서 장 상 푀르가 죽임을 당하는 장면. 몽스트를레 연대기, 15세기, 파리

트루아 조약
새로운 부르고뉴 공은 아버지의 암살자와 더 이상 관계를 유지할 수 없었다. 그는 영국 왕과 협상하는 길을 택했다. 프랑스의 왕비, 이자보 드 바비에르(바이에른의 이자보)가 이를 위한 회담에 참석했고, 회담 결과 트루아 조약(1420)이 맺어졌다. 샤를 6세가 세상을 떠나면 영국 왕이 프랑스의 왕위를 계승한다는 내용이었다.

나는 약탈과 살인을, 그것들이 주는 두려움을 납득하느라 힘들어하고 있었다.

▲ 죽음 앞의 평등. 세밀화, 파리의 성 무일과서, 1420~1450, 샤토루

▶ 1422년 샤를 6세의 장례식에서 베드퍼드 공작

죽음
기아, 페스트, 전쟁으로 인한 죽음은 끊임없이 사람들을 위협했고, 언제나 따라다니는 죽음이라는 존재는 시체와 해골을 형상화한 다양한 모습으로 14세기와 15세기 예술에 반영되었다.

샤를 6세의 죽음
1422년, 40년 이상 왕위에 있었고, 10년 전부터 병석에 누워 있던 샤를 6세가 세상을 떠났다. 전통에 따라 그의 시신은 생 드니 수도원을 향해 행진을 벌였다. 행렬 속에는 베드퍼드 공작이 있었다. 그는 이제 섭정으로서 영국의 어린 왕 헨리 6세의 이름으로 프랑스 왕국을 다스리게 된 것이다.

약탈
시골에 사는 백성들과 마찬가지로 도시에 사는 백성들에게도 약탈, 살인, 강도는 영원한 위협이었다.

▼ 파리의 약탈 장면. 로이, 15세기

어린 시절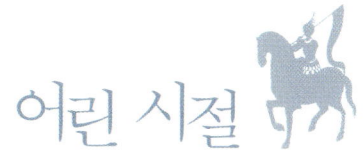

어머니는 당신이 말을 해 놓고도 매우 놀랐다. 잔의 어린 시절에 대한 기억들이 흐릿할 거라고 생각했는데 무척 뚜렷했기 때문이었다. 사람들은 과거에 대해 지나치게 알고 싶어한 나머지 착각을 불러일으켰다. 장소와 날짜들이 서로 뒤섞였고, 사람들에게 들은 사건들을 실제로 겪었다고 믿기에 이르렀다.

동레미 교회에 있는 어린 나의 모습이 눈앞에 떠오른다. 양옆에는 부모님이 계시고, 큰형 자크맹은 내 뒤에 서 있다. 우리 누이동생이 세상에 태어난 바로 뒤의 모습이다. 어머니는 그 아이를 조심스럽게 붙잡고 있다. 주현절*이다. 우리는 대부와 대모*들이 참석한 가운데 누이동생의 세례식을 치르기 위해 모인 것이다.

어머니는 그때 내 나이가 겨우 두 살 정도였다고 말씀하

주현절(主顯節)
1월 6일. 가톨릭 축일 중의 하나로, 동방 박사들이 아기 예수의 탄생을 축하하러 온 일을 기념하는 날이다.

대부와 대모
영세나 견진 성사를 받을 때에, 신앙의 증인으로 세우는 종교상의 남자 후견인과 여자 후견인.

유아 세례식
어린아이에게 세례를 베풀어 구원의 축복에 참여하게 하는 의식.

신실하다
믿음직하고 착실하다.

증인
증거가 되어 자기가 듣고 본 사실을 진술하는 사람.

이해관계
이익과 손해가 걸려 있는 관계.

적선
가난한 사람들에게 돈이나 물건을 주는 것.

신다. 너무나 어렸기 때문에 자세한 기억은 없다. 어쩌면 나는 다른 아이의 유아 세례식*을 잔의 유아 세례식으로 착각하고 있는지도 모른다. 하지만 그렇지는 않은 것 같다. 어쨌거나 세례식은 세례식이었다. 우리가 사는 마을은 규모가 그리 크지 않았다. 아버지는 정의롭고 존경받는 분이었고, 어머니와 마찬가지로 선하고 신실한* 기독교인이었다. 그래서 결혼식의 증인*이나 아기들의 대부가 되어 주는 일이 많았다. 마을의 이해관계*가 걸린 일이 생기면 사람들은 우리 아버지에게 달려왔다.

동레미의 모든 주민이 우리 아버지 자크와 어머니 이자벨이 어떤 사람인지 잘 알고 있다. 우리 집은 그리 부자는 아니었지만, 밀밭과 숲과 작은 목장이 있어서 어려운 살림살이도 아니었다. 우리 가족들은 하느님과 성자들을 두려워했고, 불쌍한 사람들에게 적선*하고 돕는 일을 잊지 않았다. 그 시절 가난한 사람들은 매우 비참한 삶을 살았고, 집이 없는 방랑자들도 꽤 많았다. 하지만 우리는 돌로 지은 견고한 집에 살았고, 밖을 지나는 행인들에게 늘 문을 열어 두고 있었다. 잔은 자기 침대를 손님방에 놓아 주기를 바랐다. 우리가 맞아들인 손님이 가난한 사람인 경우엔 더더욱 그랬다. 그래서 잔은 벽난로 발치에서 잠을 잤다.

잔은 거기서 나그네들이 하는 이야기를 듣는 것을 좋아했다. 우리는 우리가 사는 이 커다란 왕국에 대해, 그리고 전쟁에 대해 아는 것이 거의 없었다. 신부님이 일요일 날 설교* 때 해 주시는 이야기 정도만 알 뿐이었다. 여행자들은 우리가 알지 못하는 장소들과 최근에 일어난 사건들에 대해 이야기해 주었다. 우리나라의 아름다운 고장들이 피로 물들고 있었다. 우리는 저녁을 먹은 뒤 잠들기 전까지 그런 이야기들을 들었다. 내 누이 카트린과 잔은 그 옆에서 양모를 잣고 천을 기웠고, 아버지는 연장을 고쳤다.

우리의 어린 시절은 그렇게 흘러갔다. 때때로 잔, 아버지, 나는 함께 들판으로 나갔다. 잔은 초원으로 양 떼를 몰았다. 여름이면 수확을 위해 열심히 농사를 지었다.

동레미에는 학교가 없었다. 하지만 우리는 어머니에게 배워 파테르 노스테르(주기도문)*, 아베 마리아*, 크레도*를 알고 있었다. 우리 모두 그랬던 것처럼, 잔도 하느님과 성자들을 두려워했다. 하지만 잔이 더 많이 그랬던 것 같다. 그 애는 교회에 열심히 다녔고, 저녁이 되어 종과*를 알리는 종소리가 울려 퍼지면 무릎을 꿇고 기도드리는 것을 빠뜨리지 않았다. 잔은 병자들을 격려하고, 가난한 사람들에게 적선도 했다.

설교
종교의 교의를 설명하는 것.

파테르 노스테르 (주기도문)
기도문 제목. '우리 아버지' 라는 뜻의 라틴 어.

아베 마리아
성모 마리아께 드리는 기도문 제목. '마리아를 찬양합니다' 라는 뜻의 라틴 어.

크레도
'나는 믿습니다' 라는 뜻의 라틴 어. 세례받은 신자의 최초의 신앙 고백. 세례받을 때 말하고, 주일마다 되뇐다.

종과(終課)
수도승들이 하루 일과를 마칠 때 드리는 기도.

이 모든 것이 우리 어머니께서 본을 보인 일이었다. 잔은 한마디로 착실한 아이였고, 나이에 비해서나 또래의 아이들에 비해 신앙심이 깊고 혼자 있는 것을 좋아했던 것 같다. 그렇다고 함께 놀이를 할 때 빠지지는 않았다. 해마다 기쁨의 주일*이 오면 마을의 처녀 총각들이 요정의 나무와 렝의 샘가에 모였다. 처녀들은 나뭇가지에 장식 화환을 매달았고, 우리는 나뭇잎이 드리우는 그늘 아래에서 먹고 춤추고 노래했다. 그런 다음 샘으로 물을 마시러 갔다. 잔이 재판을 받을 때, 판사들은 그 행동에서 잔이 마녀이고 마법*에 몸을 바쳤다는 증거를 찾으려 했다. 하지만 함께 즐겁게 논 것 외에 다른 기억은 없다. 나는 학식이 많은 사람들한테서 오히려 악

기쁨의 주일
사순절의 네 번째 일요일. 성모절이라고도 부른다.

마법
악마의 힘으로 신기한 일을 행하는 술법.

마의 모습을 더 자주 본다고 생각한다.

  우리는 행복했다. 부족한 것이 없었고, 배고픔을 면할 만큼 먹을 수 있었다. 그러나 전쟁이 계속되고 있었다. 너무나 오래 계속되고 있었기 때문에, 언제 끝날지 아무도 장담하지 못했다. 너무나 혼란스러운 상황으로 치닫고 있어서, 전쟁이 언제 끝날지 아무도 확신하지 못했다.

  동레미에는 부르고뉴파가 딱 한 사람 있었다. 그 사람의 이름도 기억한다. 제라르댕이라는 사람이었다.

  그 사람과 우연히 마주쳤을 때, 잔은 나에게 화가 난 척하자고 말했다. 아마도 잔은 그 사람이 교수형을 당하기를 바랐을 것이다. 물론 그 애는 제라르댕이 아무에게도 해를 끼치지 않는다는 사실을 알고 있었다. 단지 그 사람이 우리의 왕을 섬기지 않는 것을 못마땅해했을 뿐이다.

  폭력의 기운은 때때로 우리에게까지 이르렀다. 마을 사람들이 막시 사람들과 충돌하여 난투극*이 벌어졌고, 몇몇 사람들은 얼굴에 피를 흘리며 돌아왔다. 하지만 가장 위험한 일은 병사들이 온 나라 안을 돌아다닌다는 것이었다. 길거리는 결코 안전하지 않았다. 우리는 위급할 때 동레미에서 유일하게 방어 설비가 되어 있는 '릴'이라는 곳으로 피난해야 했다. 어느 날, 우리 교회를 불태운 무리 중

난투극
한데 엉켜 치고받으며 싸우는 소동.

한 사람이 이제부터는 종교적인 일을 보려면 그뢰로 가라고 강요했다. 그뢰와 동레미는 나란히 붙어 있었다. 우리는 마음이 찢어지는 듯했다. 잔은 특히 슬퍼하며 흐느껴 울었다.

이 사건이 언제 일어났는지는 정확히 모르겠다. 잔이 언제 왕세자를 만나기 위해 길을 떠나기로 결심했는지도 잘 모르겠다. 하지만 우리가 이웃에게 빌렸던 암말 한 마리를 돌려주러 갔던 날은 정확히 기억한다. 잔은 (그때 잔은 더 이상 어린아이가 아니었다.) 나에게 말에 올라타는 걸 도와 달라고 했다. 그 시절 나는 잔이 혼자서 말 타는 걸 본 적이 없었다. 늘 아버지 허리를 붙잡고 함께 탔다.

그런 잔이 그 암말에 재빨리 올라타 박차*를 가하더니 전속력으로 출발하는 것이었다. 갈기*를 움켜쥐고 달리며 환하게 웃기까지 했다. 나는 잔이 잘못되지는 않을까, 잔이 혼자 말을 타도록 내버려 두었다고 야단을 맞지는 않을까 겁이 났다. 잔의 얼굴은 즐거움에 붉게 달아올라 있었고, 팔은 활짝 쳐들고 있었다. 마치 군기*라도 들고 있는 듯했다. 잔이 말했다.

"오빠, 우리 왕께서 자기 왕국을 소유하는 건 정당한 일 아니야?"

박차
말을 탈 때에 신는 구두의 뒤축에 달려 있는 물건. 톱니바퀴 모양으로 쇠로 만들어 말의 배를 차서 빨리 달리게 한다.

갈기
말이나 사자 따위의 목덜미에 난 긴 털.

군기(軍旗)
군대의 각 단위 부대를 상징하는 깃발.

"잔, 무슨 말을 하고 싶은 건데?"

"내가 말하고 싶은 건 간단해. 하느님의 뜻은 우리 프랑스 왕국 편에 있다는 거야."

잔은 그때 이미 결심했던 걸까? 지금 생각해 보면 그런 것 같다. 하지만 그때 사명에 대한 결심이 잔의 마음속에 확고히 자리 잡고 있다고 생각한 사람은 아무도 없었다. 동레미에서 잔은 자기가 들은 그 목소리에 대해 결코 말하지 않았다. 나중에 가서야 열세 살 때 처음 그 목소리를 들었다고 털어놓았다. 잔은 처음 그 목소리를 들었을 때 매우 두려웠다고 했다. 때는 여름이었고, 장소는 부모님의 정원이었다. 거대한 빛이 그곳을 환하게 비추었다.

우리가 왜 그 사건에 대해 아무 말도 하지 않았냐고? 몇 년이 흐르자 나는 그 사건이 여러 사람이 공유할 수 없는 경험이라고 생각하게 되었던 것이다. 나중에 잔이 자신의 심판자들을 이해시키기 위해 말했던 것을 근거로 하여 판단한다면, 그 애의 침묵은 마땅한 것으로, 그 외에도 많은 것들이 있었던 것 같다. 잔에게 일어난 일 앞에는 두려움과 **몰이해***가 있었다. 잔은 자신이 들은 그 기이한 말들의 의미와 근원에 대한 질문들을 했을 것이다. 그 신비로운 관계를 깨뜨리지 않으려는 바람도 있었을 것이다. 의심쩍

몰이해
아무도 전혀 이해하지 못하는 것.

은 시선과 질책*을 받지 않으려는 바람도 있었을 것이다. 그리고 자신의 사명이 무엇인지 마침내 이해한 뒤에는 자신의 계획을 부모님에게 말하지 않기로 작정했을 것이다. 부모님은 그 일을 말릴 게 분명했으니까.

　어느 날, 잔은 오빠인 장과 나에게 자신의 계획을 털어놓았다. 우리는 할 말을 찾지 못했지만 잔이 정말 떠나고 싶어한다는 것을 느낄 수 있었다. 기억하건대 아버지는 수차례에 걸쳐 우리에게 근심을 털어놓았다. 아버지는 잔이 무장한 남자들과 함께 떠날 거라고 상상했고, 그러니 그 애를 감시하고, 잘 타일러 포기하게 하라고 말했다. 그때 아버지가 하신 말씀이 아직도 기억난다.

　"이 일이 어떻게 끝날지 생각해 보면, 차라리 너희들이 그 애를 물에 빠뜨려 죽여 버리는 게 낫겠다. 너희들이 못 하겠다면 나라도 직접 그러고 싶구나."

　우리는 아버지를 이해했다. 병사들 사이에서 지내는 여자의 운명이 어떻겠는가? 두말 할 필요 없이 명예롭지 못할 것이다. 하느님께서 함정*을 피하도록 잔을 인도하시리라는 것만 믿을 뿐이었다.

> **질책**
> 꾸짖어 나무람.
>
> **함정**
> 덫. 남을 해치려고 꾸민 위험한 모략.

서양의 기독교인들은 로마 교황의 권위 아래 같은 공동체에 속한다는 의식을 갖고 있었다. 프랑스나 독일과 마찬가지로 이탈리아에서도 똑같은 종교 축일을 기념했다. 그들은 신자들의 삶에 구두점을 찍는 똑같은 의식을 치렀다. 기독교는 그렇게 중세 서양의 도덕적, 사회적 기틀을 이루었다.

소교구

소교구는 사람들이 살면서 겪게 되는 주요한 사건들, 특히 종교상의 의무들이 완수되는 영역이었다. 소교구는 경배와 집회의 장소인 교회의 핵심을 이루었다. 사제는 거기서 미사를 드리고, 신자들에게 기독교 신앙을 가르치고, 왕국의 소식들을 전해 주었다.

훌륭한 기독교 신자가 되는 길

훌륭한 신자로 인정받기 위해서는 몇 가지 의무를 지키는 것만으로 충분했다. 주기도문과 크레도를 외우는 것, 휴일인 일요일마다 미사에 참석하는 것, 교회가 명하는 금식을 지키는 것, 일 년에 한 번씩 고백 성사를 하는 것, 부활절에 영성체를 하는 것이 그것이었다.

새로운 신앙심

다른 신자들과 마찬가지로 잔 다르크는 소리내어 말하기보다는 기도로 신앙심을 표현했다. 이는 분명 고독한 방법이었다. 그녀는 마리아와 예수의 이름을 소리내어 부르기를 좋아했다. 또한 그녀는 자주 고백 성사를 하고 영성체를 했다.

성체

중세 말의 신앙심은 성체에 대한 경건한 마음과 일맥상통했다. 따라서 사제들은 각각의 신자들이 예수 몸의 구현을 눈으로 보고 찬양할 수 있도록 성체를 상징하는 빵을 오랜 시간 동안 들고 있었다. 대중은 또한 매년 성령 강림 대축일 후에 열리는 성체 첨례 행렬에 참석했다.

> 우리 모두 그랬던 것처럼, 잔도 하느님과 성자들을 두려워했다. 하지만 잔이 더 많이 그랬던 것 같다. 그 애는 교회에 열심히 다녔다.

© Bridgeman-Giraudon

◀ 칠성사를 표현한 장식화. 안트베르펜

칠성사(七聖事)

이 장식화는 가톨릭교의 칠성사를 표현하고 있다. 왼쪽이 세례 성사, 견진 성사, 고백 성사이고, 가운데가 성체 성사, 오른쪽이 신품 성사, 혼인 성사 그리고 병자 성사이다. 이것은 인간의 삶이 진행되는 단계를 설명해 준다. 각각의 단계는 흰색에서 검은색까지 천사들이 입고 있는 옷 색깔의 변화로 강조된다. 사제가 성체를 상징하는 빵을 들고 십자가에 못 박힌 예수와 같은 축에 서 있는데, 이는 예수의 희생을 상기하기 위한 것이다. "이것은 너희들을 위해 주는 나의 몸이다."

동레미에서의 마지막 몇 개월

마침내 잔이 길을 떠났다. 떠나던 잔의 모습이 눈에 선하다. 잔은 온통 붉은 옷으로 몸을 감싸고 있었다. 내가 일을 하다가 들판에서 보니 잔이 길을 나서는 것이 보였다. 외가 쪽 아저씨인 뒤랑 락사르가 잔 옆에서 함께 가고 있었다. 잔은 손을 들어 나에게 신호를 보냈다. 부모님 말씀에 따르면, 잔은 뒤랑 아저씨의 부인이 아기를 낳는 것을 도우러 간다고 핑계*를 댔다고 한다.

잔의 그런 태연한 태도를 생각하면 지금도 어리둥절하다. 농부 처녀에 불과한 그 애는 보쿨뢰르 시의 수비대장인 로베르 드 보드리쿠르를 찾아가 자신이 하느님의 사자*로 부름 받았다고 선언하고 왕세자*에게 데려가 달라고 말했다. 잔은 왕세자를 랭스로 데려가 축성을 받게 할 생각이었다. 로베르 씨는 뒤랑 아저씨에게 잔을 매질하여 정신

핑계
비난받지 않기 위해 진짜 이유나 목적을 감추고 겉으로 내세우는 이유.

사자(使者)
심부름꾼.

왕세자
왕위를 물려받게 될 사람. 당시 샤를 7세는 아직 축성을 받지 못했으므로 사람들은 그를 이렇게 불렀다.

퇴짜를 놓다
거절하다.

포위 공격
성이나 요새 둘레를 에 워싸 꼼짝 못하게 한 뒤 공격하는 것.

을 차리도록 타이른 뒤 도로 데리고 가라면서 퇴짜를 놓았 다*. 잔의 결의를 잘 모르고 한 행동이었다. 잔은 결국 집 으로 돌아와야 했다. 그때 나는 집에서 잔이 저지른 일에 대해 부모님께 들려드리고 있었다.

폭력의 기운이 뻗쳐오르고 전쟁이 더욱 거세어지고 있던 무렵의 이야기다. 어느 날, 우리는 안전을 위해 집을 떠나 뇌프샤토로 가야 했다. 사람들이 샹파뉴의 통치자인 앙투 안 드 베르지가 보쿨뢰르를 포위 공격*하려 한다고 말했 다. 당시 보쿨뢰르는 샤를 왕에 충성하고 영국인들에게 복 종하기를 거부한 유일한 도시였다. 병사들은 그 지역을 불과 피의 도가니로 만들어 버렸다. 마을 주민들은 우리 아버지의 충고에 따라 피난을 가기로 했다. 그리하여 마을 전체가, 사람과 가축들이 집과 변변치 않은 재산들을 뒤로 한 채 길을 떠나게 되었다.

뇌프샤토에서 우리는 '라 루스(빨간 머리 여자라는 뜻)'라는 별명을 가진 한 여자 집에 머물게 되었다. 잔은 그녀를 도와 요리와 집안일을 했다. 잔은 또한 나이가 많은 노인이나 걱정이 많은 사람들을 돌보면서 그들이 두려워하지 않도록 도왔다. 사람들은 다시 돌아갔을 때 마을이 불타고 약탈당했을까 봐 두려워하고 있었다. 하느님이 우리를 긍휼*히 여기사 그렇게 되지 않기만을 바랐다.

긍휼
불쌍히 여겨 돌보아 줌.

아마도 잔은 '라 루스'의 집에서 불안해하며 보낸 며칠 동안 다시 길을 떠나기로 결심한 것 같다. 반면 부모님은 잔이 설마 보쿨뢰르에 가서 다시 한 번 로베르 드 보드리쿠르에게 간청할 거라고는 생각하지 못했다. 그분들의 생각은 빗나갔다. 잔이 동레미에서 보낸 마지막 겨울의 어느 긴 밤이었다. 나는 잔의 의도를 밝혀 보려고 잔에게 은밀한 눈길을 주었다. 잔은 아무 일 없는 것처럼 이야기하고, 벽난로의 불길을 돋우었다. 한 여행자가 찾아왔을 때, 잔은 그 여행자에게 질문을 퍼부었다. 잔은 프랑스에서 일어

나고 있는 사건들과 군사적 상황에 대해 알고 싶어했다.

잔은 이야기하는 것을 좋아했다. 단어들이 그 애 안에서 술술 솟아나왔다. 반면 그때 나는 그 애처럼 내 뜻을 쉽게 말로 표현하지 못했다. 잔은 사람들이 말하는 것을 모두 기억해 두었다가 적절하게 되풀이할 줄 알았고, 생각이 깊었다. 잔에 비하면 마을 신부님조차 말솜씨가 부족할 정도였다. 그러나 출발을 준비하는 동안 잔은 열정에 불타는 자신의 결의를 숨겼고, 오랫동안 침묵을 지켰다. 가끔 성급해하기는 했다. 마구간의 암말처럼 발로 땅을 걷어찼고, 때때로 어쩔 줄을 몰라 해서 사람들이 눈을 흘기기도 했다.

부모님은 잔이 빨리 결혼하기를 바랐다. 부모님은 잔을 결혼시켜서 골치 아픈 일을 피해 보려 했다. 그리고 그럴 기회가 다가왔다. 이름은 잘 기억나지 않는데, 근처에 사는 젊은 청년 한 명이 잔에게 반해 있었다. 하지만 잔은 그 남자에게 말 한 마디 건네지 않았다. 어쨌거나 그 구혼자*는 아무 소득이 없자 홧김에 툴에 있는 종교재판소*로 그 애를 불러냈다. 하지만 잔은 자신이 그 남자에게 아무런 약속도 하지 않았다는 것을 막힘없이 이야기했고, 그 말은 옳았다.

그때 이미 잔이 판사 앞에서 자신의 입장을 이야기했다

구혼자
한 처녀와 결혼을 하고 싶어하는 젊은 남자.

종교재판소
재판을 통해 종교상의 문제들을 해결하는 곳. 중세에는 종교상의 문제뿐 아니라 일상의 중요한 문제들도 여기서 해결했다.

동레미에서의 마지막 몇 개월 ■ 39

간교함
간사하고 교활함.

전지전능하다
모든 것을 알고 있고 모든 것을 할 수 있다.

는 것은 그리 놀라운 일이 아니다. 나는 잔의 짧은 생애 동안 그 애에게서 간교함*이나 악의를 본 적이 없다. 그 애가 법정에 서서 자신의 행동을 설명해야 했다니, 참으로 이해할 수 없는 일이다. 의혹은 순수한 영혼들만 공격하는 것일까?

나는 진실만을 말하겠다고 이미 약속했다. 그러므로 나 또한 한때 의심했다는 것을 숨기지 않겠다. 큰누나인 카트린이 아기를 낳다가 막 세상을 떠난 참이었고, 잔은 절망에 빠져 있었다. 나는 결혼하면 아기를 낳아야 한다는 것 때문에 잔이 결혼을 거부하는 것이 아닌가 생각했다. 나는 그 목소리가 잔에게 어떤 행동을 하도록 지시한다는 것도 이해할 수 없었다. 부모님이 막내딸인 잔을 너무 아껴서 그렇게 되었다고 생각하기도 했다.

하느님께서 창조하신 자연의 질서를 따르면 여자들은 출산을 해야 한다. 하지만 전지전능*하신 하느님께서는 잔에게 그것과 다른 사명을 부과하셨단 말인가? 출발을 준비하던 어느 날, 잔은 자신이 임신한 여자가 아이를 기다리는 심정으로 그 사명을 완수하기를 기다리고 있다고 내게 고백했다. 이건 그 아이의 말을 그대로 옮긴 것이다.

나는 정말이지 이해할 수 없었다. 하느님께서 그 애의 마음속에 보통 여자들처럼 아기를 낳는 일 말고, 가족의 집을 떠나 군대를 지휘하고 전쟁을 하는, 보통은 남자들의 일로 여겨지는 일에 대한 욕구를 불러일으키셨다니 말이다. 지금도 나는 그 선택*의 의미에 대해 나 자신에게 질문하곤 한다. 요즘 나는 하느님께서는 지위가 높은 사람보다는 비천한 사람들 편임을 더욱 확고히 믿게 된다. 비천한 사람이 힘있는 사람이나 학식 높은 사람보다 더 많은 일을 하지도, 더 많은 것을 알지도 못하지만 말이다. 하느님께서는 궁정의 귀족들보다는 평범한 여자들 편이라는 것도 안다.

  나는 또한 천사 가브리엘이 예수의 탄생을 마리아에게 처음 알렸다는 사실도 알고 있다. 내 누이동생 잔은 이자보* 왕비가 영국인들에게 줘 버린 프랑스 왕위를 돌려받는 사명을 받은 것이다. 성직자들은 이런 비유를 매우 좋아한다. 그러나 나는 그 모든 것을 어떻게 이해해야 좋을지 모르겠다.

선택
여기서는 하느님의 선택을 말한다.

이자보
당시 프랑스의 왕비. 샤를 6세의 아내이자 샤를 7세의 어머니.

여자는 대개 두 가지 모습으로 묘사되었다. 죄를 지은 이브의 모습과 예수의 어머니인 성모 마리아의 모습이다. 여자들은 어렸을 때는 아버지에게 복종하고 결혼 후에는 남편에게 복종했다. 여자들은 집안의 경제 활동을 맡아보았고 아이들을 키웠다. 하지만 여자들은 과부, 수녀로서, 예술가나 문인으로서 무시할 수 없는 사회적 역할을 담당했다.

◀ 들판에서 일하는 여자들. 베리 공작의 매우 풍요로운 시간, 15세기, 샹티이

▶ 삼위일체로부터 아기를 받는 부부. 15세기, 파리

여자들의 일

아담은 땅을 갈고 하와는 길쌈을 한다. 집단적 본보기로 굳어진 일의 이러한 분배는 실제 상황에 부분적으로만 들어맞았다. 여자들은 수확과 같은 중요한 농사일에도 참여했으며, 이러한 사실은 중세에 관한 풍부한 참고 도감을 제공해 준다. 물론 여자들은 집안일에 많은 시간을 썼다. 여자 아이들은 물레로 직물 짜는 법을 배우기 전 어릴 때부터 물레의 씨아 다루는 법을 익혔다. 잔역시 재판에서 다음과 같이 증언했다. "나는 길쌈과 바느질에서 루앙 여자들에게 뒤지지 않았습니다."

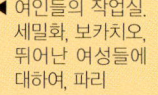

◀ 여인들의 작업실. 세밀화, 보카치오, 뛰어난 여성들에 대하여, 파리

▲ 성처녀의 출산. 미사대 그림의 아랫부분 세부, 15세기, 이탈리아

다산성
차양이 달린 침대에 부부 한 쌍이 벌거벗고 누워 있다. 그들은 삼위일체(성부, 성자, 그리고 비둘기로 상징되는 성령)로부터 아기를 받고 있다. 이것은 하느님의 보호 아래 놓인 결혼의 다산성을 기리는 방식이다.

> **큰누나인 카트린이 아기를 낳다가 막 세상을 떠난 참이었고, 잔은 절망에 빠져 있었다.**

갓난아기
아기가 태어나면 사람들은 아기의 몸을 포대기로 단단히 감고 움직이지 못하도록 팔다리를 묶었다. 영양 공급 방법은 거의 나아지지 않았고 위생 상태는 형편없었다. 이 사실이 당시 유아 사망률이 매우 높았던 이유를 설명해 준다. 아기를 낳다가 여자들이 죽는 일도 많았다.

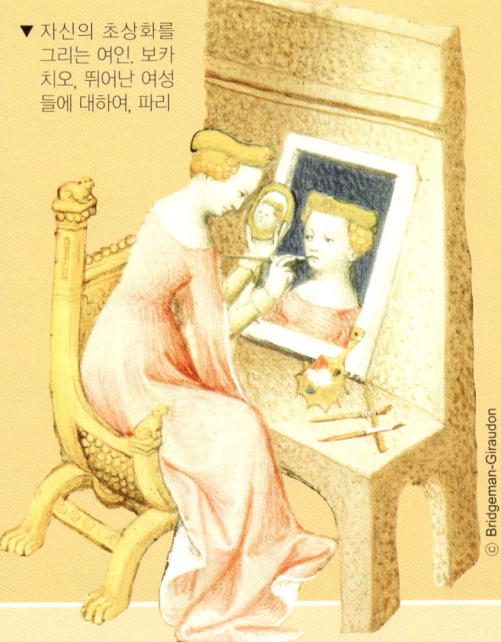

▼ 자신의 초상화를 그리는 여인. 보카치오, 뛰어난 여성들에 대하여, 파리

예술과 문화에서의 역할
그림 속의 여자는 거울의 도움을 받아 자신의 자화상을 그리고 있다. 예술은 이렇게 여성의 내면에 접근했다. 크리스틴 드 피장 같은 여자는 대문호의 역할을 했다.

보쿨뢰르로 출발하다

다음 해 겨울, 그러니까 서력 1429년 잔은 길을 떠났다. 한 달 남짓한 시간 동안 우리는 잔의 소식을 전혀 알 수 없었다. 나중에 잔은 우리가 몰랐던 것들을 이야기해 주었다.

로베르 드 보드리쿠르는 두 번째로 잔에게 퇴짜를 놓았다. 하지만 잔은 뜻을 굽히지 않았다. 잔은 보쿨뢰르의 어느 가정에 숙소를 마련하고 관련된 사람들을 끊임없이 들볶았다. 사순절* 셋째 주 목요일 전에 왕세자를 만나야 했기 때문이다.

잔의 고집은 대단해서 뒤랑 락사르 아저씨를 마침내 설득했고, 주민 한 명도 잔에게 설득되어 말 한 마리를 사 주었다. 심지어 잔은 그 두 사람에게 함께 떠나자고 제안하기까지 했다. 그리하여 조촐한 군대가 길을 떠났다. 얼마쯤 간 뒤, 잔이 생각을 바꾸어 말 머리를 돌렸다.

사순절
부활절 전 46일간

"이런 식으로 길을 가는 건 좋지 못해요."

잔이 설명했다. 자신들이 병사와 강도들이 들끓는 길을 가게 될 거라는 사실을 깨달았던 것이다. 그러나 그들이 두려움 때문에 되돌아간 것은 아니었다. 왕세자가 소개장도 없이 찾아온 그 보잘것없는 무리를 만나 보려고 하겠는가?

하지만 이미 잔의 명성이 퍼지고 있었다. 어느 날 잔은 낭시에 있는 로렌 공작의 성으로 갈 수 있는 통행증*을 받았다. 로렌 공작은 잔이 자신의 병을 치료해 주기를 바랐다. 그러나 잔은 자신이 병을 고칠 수 있다고 주장한 적이 없고, 자신이 예언자*라고 주장한 적도 없었다.

로렌 공작 앞에 섰을 때, 잔은 로렌 공작의 행동에 대해 설교만 했다. 로렌 공작은 어느 처녀에게서 사생아* 여러 명을 낳은 뒤 자기 아내를 버렸던 것이다. 잔은 그에게 교훈을 주는 것으로 만족하지 않고 왕세자를 만나러 갈 때 그녀를 대동해 줄 호위대*를 요청했다. 로렌 공작은 그녀의 말을 듣지 않았다. 아마도 이 젊은 농부 처녀가 꽤 무례하다*고 생각했을 것이다.

그러나 잔은 사람들의 우정을 얻고 있었고, 잔의 기마 여행에 동참하러 오는 사람들도 생겼다. 그들 중에는 로베르 씨의 시종*인 장 드 메스가 있었다. 장 드 메스는 낭시까지

통행증
통행을 허가하는 증서.

예언자
앞일을 미리 알고 말하는 사람.

사생아
부부가 아닌 남녀 사이에서 난 아이.

호위대
따라다니며 보호하고 지키는 무리.

무례하다
예의가 없다.

시종
기사의 시중을 드는 신분이 낮은 귀족.

잔과 동행했고, 잔의 손을 잡고 믿음을 맹세하며 자신이 잔을 왕세자에게 인도하겠노라고 약속했다.

"언제 떠나고 싶어요?"

그가 잔에게 물었다.

"내일보다는 오늘이 낫고, 모레보다는 내일이 낫죠."

한시라도 빨리 길을 떠나고 싶었던 잔이 대답했다.

잔 옆에는 베르트랑 드 풀랑지도 있었고, 왕실의 사자 콜레 드 비엔도 있었다. 그는 보쿨뢰르에서 시농*으로 가는 길과 길에 도사리고 있는 모든 함정과 매복*에 대해 잘 알고 있었다. 리샤르 라르셰라는 사람도 있었다. 장과 베르트랑의 하인 두 명도 덧붙여야 할 것이다.

이 여섯 명이 영국인들에게 점령된 프랑스 땅을 가로지르기 위해 모인 것이다. 최소 규모의 호위대인 셈이었다. 적어도 이 사람들은 싸움을 할 줄 알았다. 만약 불미스러운 일이 일어나 무장한 남자들과 길에서 마주하게 되면, 하느님께서 샤를 왕세자에게 가는 길을 몸소 밝혀 주실 것이다.

로베르 드 보드리쿠르는 결국 이렇게 말했다.

"가 봐라. 가 보면 일어날 일이 일어날 테니."

잔은 남자용 짧은 바지를 입고 마을 주민들이 건네준 각

시농
프랑스 서부 루아르 지방의 도시. 이곳에 왕세자가 있었다.

매복
상대편을 불시에 치거나 살피려고 적당한 곳에 몰래 숨어 있는 것

각반
정강이를 보호하기 위해 두르는 천.

반*을 차고 있었다. 잔은 또한 로베르 씨가 준 검을 들고 있었다.

위대한 여행이 바야흐로 시작되고 있었다.

잔과 여섯 명의 동지들은 길을 가면서 영국과 부르고뉴 파 병사들은 물론 강도들의 위협도 받았다. 잔에게 닥칠 수 있었던 사건들을 생각하면 지금도 몸이 떨려 온다. 그 후에도 잔은 계속 위험에 맞섰고, 적어도 한 번 이상 부상을 입었을 것이다. 전쟁은 무기와 보호 장비를 갖추고 지

휘 체계에 따르는 군대들이 벌이는 싸움이다.

그들은 말을 타고 엄청난 위험을 무릅쓴 채 끊임없이 달렸다. 그것은 위험에 노출*되는 일이었고, 잠을 자는 동안에도 공격을 받을 수 있었다.

노출
드러냄.

다행히도 잔의 동지들은 전투 경험이 많았고 신중했다. 겨울밤은 길었고, 그들은 사람들에게 노출되는 것을 피해 밤의 어둠을 이용해서 앞으로 나아가기로 했다. 콜레 드 비엔은 걸어서 건널 수 있는 얕은 냇물과 오솔길 그리고 몸

주둔지
군대가 머물러 있는 곳.

신성
매우 거룩하고 성스러운 것.

을 피할 수 있는 장소들을 많이 알고 있었다. 그는 또한 적들의 주둔지*가 어디에 있는지도 알고 있었다.

그 작은 무리는 어느 수도원에 잠시 들렀다. 밤이 되자 잔은 옷을 전부 입은 채 베르트랑 드 풀랑지와 장 드 메스 사이에서 잠을 잤다. 사람들의 시선을 끌 수 있는 일이었지만 기이하게도 두 남자 모두 잔에 대한 존경심을 잃지 않았다. 후에 베르트랑 드 풀랑지는 그들이 잔에 대한 믿음 때문에 승리했으며, 그들은 그녀가 하느님의 사자라는 사실을 결코 의심하지 않았다고 내게 고백했다.

잔은 그들에게 자신이 사명을 완수하기 위해 태어났다고 여러 번 말했다. 존경심을 요구하는 행위였다! 잔을 여자로 보며 친근하게 구는 행위는 결코 허락되지 않았다. 그들은 전쟁 동안 무장한 남자들에게 결여될 수 있는 신중함을 잃지 않도록 시시때때로 지적을 받았다. 언젠가 베르트랑 드 풀랑지가 나에게 이렇게 설명했다.

"나는 그녀의 말과 그녀에 대한 존경심 때문에 내 안에서 열정이 솟아오르는 것을 느꼈습니다. 나는 그녀가 신성* 하다고 믿었습니다."

잔 일행은 다음의 장소들을 지나갔다. 생 위르뱅, 클레르보, 푸아티에, 오세르, 메지유, 비글랭, 라 페르테, 생 에

생트 카트린 드 피에르부아
투르 남쪽에 있는 성소(聖所).

성전의 숙박소
당시 성직자들이 여행자들에게 잠자리로 제공했던 곳.

리외
길이의 단위. 1리외는 약 4킬로미터.

성지 순례
종교상의 이유로 성스러운 장소로 여행하는 것.

독사(讀師)
가톨릭 교회에서 정식으로 임명하는 성직자의 여러 등급인 칠품의 하나.

탁발 수도사
평생 가난한 생활을 할 것을 맹세하고 적선을 하며 살아가는 성직자.

냥, 생트 카트린 드 피에르부아*. 잔은 생트 카트린 드 피에르부아 성전의 숙박소*에서 편지 두 통을 썼다.

그중 한 통은 왕세자에게 쓴 것이었다. 잔은 왕세자에게 자신이 그를 돕기 위해 150여 리외*를 달려왔다고 설명했다. 다른 한 통은 부모님 앞으로 쓴 것이었다.

나는 그 편지를 받은 날의 감동을 아직도 기억한다. 잔은 편지 속에서 자신이 몰래 길을 떠난 것에 대해 용서를 구하고 있었다. 잔은 그러나 하느님께서 그렇게 하라고 명하셨다고 썼다. 우리는 잔이 동레미를 떠난 후 처음으로 보내 온 그 편지를 읽으며 눈물을 흘렸다. 우리는 더 이상 잔에 대해 의심을 품지 않았다. 잔은 벌써 왕세자에게 가 있을지도 몰랐다.

어머니는 퓌로 성지 순례*를 떠나셨다. 그리고 하느님께 사랑하는 딸을 보호해 달라고 기도하셨다. 어머니는 또한 그 기회를 통해 과거에 투르 수도원에서 독사*로 일했던 장 파스크렐이라는 탁발 수도사*를 만나 보았다. 그는 매우 신실한 성직자였다. 그는 어머니에게 투렌으로 가게 되면 잔을 살펴보겠다고 약속했다. 이후 그는 잔의 고해 (고백 성사) 신부가 되어, 잔이 콩피에뉴에서 체포될 때까지 잔을 계속 보살폈다.

나는 잔이 생트 카트린 드 피에르부아에서 보낸 시간에 대해 자주 상상해 보았다. 그 애는 그곳에서 기도하며 커다란 기쁨을 느꼈다고 내게 말했다. 동레미 시절 우리는 성 카트린*을 향한 강렬한 숭배*의 마음을 갖고 있었고, 잔은 어릴 때부터 예수께서 그 성녀에게 주셨다는 성상*이 새겨진 반지를 지니고 있었다.

잔의 이야기를 아는 사람들은 성 카트린과 성 미카엘의 목소리가 잔을 그 사명으로 인도했다는 사실을 알고 있다. 이 두 성인은 이단*과 악에 맞서 싸웠으며, 기사들을 보호하고 검을 휘둘렀다. 성처녀들의 여왕 성 카트린은 죄수들을 보살폈다.

나는 그것을 증언할 수 있다. 나 자신이 지하 감옥에서 여러 번 성 카트린에게 기도를 드렸으니까.

성처녀이자 여전사이고, 죄수이자 순교자인 성 카트린과 잔 사이에는 분명 하느님께서 맺어 주신 눈에 보이지 않는 관계가 있었다.

성 카트린
성처녀. 기도하던 중 예수와 성모 마리아를 보았고 후에 순교했다.

숭배
거룩하게 높여 공경함.

성상(聖像)
예수나 성모 마리아 또는 성인들의 모습을 형상화한 것.

이단
기독교 교리에 어긋나는 이론이나 행동.

성인들은 중세 사람들의 영성과 숭배의 중심이었다. 신자들은 교회에서 성인들의 모습을 형상화한 수많은 성상들의 도움을 받아 성인들의 삶에 대해 배웠다. 성인은 인간들과 하느님 사이에서 특권을 부여받은 중개자 역할을 했다. 사람들은 그들에게 보호와 치유를 빌었다.

성 미카엘

샤를 왕세자는 용을 쳐부수는 성 미카엘의 모습을 자신의 군기에 형상화하게 했다. 성 미카엘이 수호성인인 르몽을 영국인들이 점령하려

했을 때, 사람들은 이 대천사가 그들을 무찌르기를 원했다.

잔이 들은 목소리들

동레미 교회에 형상이 조각되어 있던 성 미카엘은 잔에게 출현하던 주된 성인이었다. 잔은 재판을 받을 때 성 카트린과 성 마르그리트의 이름도 말했다. 성 카트린은 동레미와 매우 가까운 막스쉬르 뫼즈 소교구의 수호성녀였고, 잔은 성 카트린처럼 검을 지니게 된다. 성 마르그리트는 출산하는 여자들을 보살피는 성녀로, 역시 동레미 교회에 그녀의 성상이 있었다. 성 마르그리트는 잔이 어린 시절에 그랬던 것처럼 양들을 지키고, 개구리 한 마리를 손에 쥐고 있다.

▲ 성 카트린. 파르텐하임의 스테인드글라스, 1440년경, 다름슈타트

성지 순례

숭배심 때문에 혹은 죄를 속죄하기 위해 많은 신자들이 가까이 또는 멀리 있는, 성처녀나 성인에게 바쳐진 성지로 향하는 길에 나섰다. 성지에는 성인들의 성유물이 소중하게 보존되어 있었다. 잔의 어머니가 이자벨 로메라는 이름으로 순례여행을 떠난 것은 아마도 로마에서 성지 순례 여행을 완수하기 위해서였을 것이다.

▶ 양을 지키는 성 마르그리트. 에티엔 슈발리에, 시간의 책, 15세기, 파리

성처녀이자 여전사인 성 카트린과
잔 사이에는 분명 하느님께서 **맺어 주신**
눈에 보이지 않는 **관계**가 있었다.

성유물 함
중세의 예술가들은 성인들의 유해 혹은 그들이 가졌던 물건들을 보호하기 위해, 금, 은, 상아 혹은 값비싼 나무로 수많은 성유물 함을 조각했다.

◀ 용을 처부수는 성 미카엘. 베리 공작의 매우 풍요로운 시간, 15세기, 샹티이

▼ 살롱 쉬르 마른에 있는 노트르 담 앙 보에서 나온 예수의 배꼽이 들어 있는 성유물 함의 조각. 은, 1407년, 파리

용
용은 성 미카엘에 의해 지옥으로 쫓겨난 사탄, 타락한 천사이다.

양치기 소녀와 프랑스 왕세자

열한 번째 날 정오 직전, 잔과 호위대의 눈앞에 시농 성벽의 윤곽이 드러났다. 시농 성벽은 비엔 강*을 굽어보는 절벽 위에 자리하고 있었다. 잔은 그 성채 발치에 있는 작은 도시의 성문을 통과하는 순간 자신을 사로잡은 감동에 대해 나에게 들려주었다. 드디어 목표의 첫 자락을 붙잡은 것이다. 사순절 셋째 주 목요일 전에 잔은 보쿨뢰르를 향해 소리 높여 부르짖었다.

잔은 왕세자 옆에 서야 했다. 하느님께서는 길을 가는 동안 잔이 함정을 피하게 해 주시어 꼭 알맞은 때에 거기로 인도하셨다. 잔은 사명에 따라 랭스로 데려가야 할 사람이 머무르고 있는 방이 어디인지 알아보기 위해 눈을 들어 성을 바라보았다.

심장이 방망이질 쳤다. 잔은 말에서 내렸다. 도시는 사람

비엔 강
루아르 강의 지류.

들로 북적였다. 그날 주민들은 남자 옷을 입고 남자 모자를 쓴 처녀 한 명이 온통 먼지에 뒤덮인 채 말의 고삐를 당기며 좁은 길을 걸어오는 기이한 광경을 깜짝 놀란 표정으로 목격했을 것이다.

 잔과 동지들은 어느 주막에 짐을 풀었다. 왕세자가 동레미에서 온 농부 처녀를 만나 보기를 허락할 때까지 기다려야 했다. 잔의 생각이 어떠하든, 일이 어떻게 돌아갈지는 뻔했다.

　몇몇 궁정 사람들은 그때 왕세자 주변 사람들이 갑자기 나타난 그 여자 사기꾼을 만나 보지 말라고 왕세자에게 간청했다고 내게 말해 주었다. 영토 대부분이 적의 손에 넘어간 마당에 어떻게 잔 같은 여자가 등장했는지 알 수 없어 했다는 것이다. 사람들은 그 애를 미친 여자 취급했다.

　왕궁의 고문관*들은 이틀 동안 잔을 조사*했다. 잔은 같은 말을 줄곧 반복했다. 잔은 하늘의 왕의 명에 따라 오를레앙을 구해 내고, 왕세자를 랭스에서 축성시켜야 한다고 했

고문관
자문(그 방면의 전문가에게 의견을 물음)에 응하여 의견을 말하는 직책을 맡은 관리.

조사
일의 내용과 앞뒤를 자세히 살펴봄.

다. 나머지는 왕세자 앞에서 직접 이야기할 것이었다. 잔은 자신만이 왕세자를 구원할 수 있다고 단호*하게 말했다.

그때 샤를 7세가 자기 자신의 판단에 따라 잔을 알현*할 것을 허락했는지는 잘 모르겠다. 그게 아니라면, 모든 이야기를 상세히 쓴 로베르 드 보드리쿠르의 편지를 때마침 받아보았는지도 모르겠다. 충실한 수비대장이자 신뢰할 수 있는 군인인 로베르 씨의 개입은 이 믿기 힘든 모험에 신빙성*을 주었을 것이다. 나는 로베르 씨의 마음이 달라져, 무례한 처녀라고 생각했던 잔의 말에 사람들이 귀를 기울여 주고 그 아이의 계획을 합법적*으로 만들어 주기를 바란 거라고 믿고 싶다.

왕세자는 마침내 알현을 허락했다. 하느님이 보냈다는 사람을 만나 보는 일을 거부할 수 있었겠는가? 적어도 그가 전하는 말을 들어 볼 필요는 있지 않겠는가?

3월 6일 일요일 황혼* 직후, 왕세자는 잔을 불러들였다. 잔은 함께 온 동지들에게 둘러싸인 채 왕세자가 보낸 사자를 따라 성으로 통하는 골목길을 걸어 올라가 왕세자의 숙소 안으로 들어섰다.

횃불이 열 개쯤 밝혀져 있었고, 소박한 농부인 우리로서는 결코 상상도 못 할 환한 빛이 홀 안을 비추고 있었다. 그

단호
단정하여 흔들림이 없고 엄격함.

알현
지체가 높고 귀한 사람을 찾아가 뵘.

신빙성
믿고 의거할 만한 정도.

합법적
법 규범에 들어맞는.

황혼
해가 지고 어스름해질 때를 말한다.

빛은 마치 암흑 속에서 불쑥 솟아난 것 같았다. 커다란 홀 안에는 조신*들이 모여 있었고, 벽 위에서는 기이한 그림자들이 춤을 추었다.

잔은 장식 융단이 걸려 있고 매우 거대해 보이는 그 홀의 문지방을 넘을 때, 방 안을 가득 채우고 있던 미미한 웅성거림이 갑자기 목소리들로 바뀌어 터져 나왔다고 나에게 말해 주었다. 오가던 대화들이 잦아들었고, 그 자리에 모인 모든 사람들이 조그만 농부 처녀를 유심히 관찰했다.

나는 화려한 수단* 옷을 차려입은 그 대영주들이, 들판에서 일하는 사람답게 피부가 그을린 잔을 유심히 관찰하는 모습을 상상해 본다. 잔은 내가 알고 있는 모습 그대로 머리칼을 길게 늘어뜨리고 있었으므로 목덜미만 타지 않고 유달리 희었다.

알현 직전 장 드 메스가 왕세자에게 어떻게 인사해야 하는지 잔에게 알려 주었다.

"아주 엉망은 아니었어요."

잔은 나중에 웃으면서 나에게 털어놓았다.

사랑하는 잔! 그 애에게는 모든 것이 단순해 보였을 것이다. 프랑스 왕국의 고위 인사들이 모두 모인 그 자리조차 말이다. 그 애는 자신의 주인인 샤를 왕세자를 알아보았을

조신(朝臣)
영주나 왕의 궁정에 속해 있는 사람.

수단(繡緞)
금실이나 은실로 수놓은 것처럼 짠 비단의 한 종류.

양치기 소녀와 프랑스 왕세자 ■ 61

것이다.

　진실을 존중하는 의미에서, 이 대목을 분명히 해 두어야겠다. 잔은 왕세자를 처음으로 알현했을 때의 이야기를 내게 자세히 해 주지 않았다. 하지만 왕세자는 다른 사람이 자기로 보이도록 연출을 했던 것 같다. 그러나 잔은 진짜 왕세자를 구별해 내며 이렇게 응수했을* 것이다.

"이분은 왕세자가 아닙니다. 왕세자는 저기 계십니다."

　일은 아마도 이런 식으로 전개되었을 것이다. 마치 카니발*의 가면극 같은 장면이다.

　물론 나는 이런 이야기를 들으면 조금 당황스럽다. 잔은 나에게 왕세자 전하께서는 뒤쪽에 물러서 계셨다고만 말해 주었으니까. 중요한 것은 왕세자가 상대방을 속였다는 점이다. 아마도 왕세자께서는 본격적인 대화를 시작하기 전에 시간을 갖고 잔을 관찰하고 싶었을 것이다. 하지만 쓸데없는 일이었다! 그 애는 누군가 자신을 놀릴 수 있다는 생각 같은 건 해 보지도 않았으니 말이다.

　나중에 재판을 받을 때 사람들이 잔에게 왕세자를 처음 보았을 때 그의 머리 위에 천사가 있더냐고 물었다. 잔은 솔직하게 대답했다.

"축복받으신 성모 마리아의 이름으로 말씀드립니다. 천

응수하다
활발하게 대답하다.

카니발
서양 가톨릭 국가들의 축제. 사순절 전 육식을 하고 여러 가지 잔치를 벌이며 즐겁게 노는 행사이다.

사가 있었는지는 모르지만 제 눈으로 천사를 보지는 못했습니다."

어쨌든 간에 잔은 사람들 속에서 왕세자를 구별해 냈다. 잔은 왕세자에게 인사를 하고는 다음과 같이 말했다.

"고귀하신 왕세자 전하, 하느님의 명을 받아 왕세자 전하와 왕국을 구원하기 위해 제가 왔습니다."

프랑스 왕세자와 동레미에서 온 '양치기 소녀'의 만남, 땅 위에 있는 하느님의 대리자와 하느님이 보낸 사자인 이 처녀의 놀라운 만남을 상상해 보면, 내 누이동생 잔과 샤를 왕세자는 시농의 그 커다란 홀 안에서 서로를 한눈에 알아보았을 거라는 생각이 든다. 소년처럼 옷을 입은 농부 처녀 잔과 왕세자처럼 차려입지 않은 샤를 왕세자가 말이다. 오히려 그의 측근*들이 그보다 더 화려하게 차려입고 있었다.

놀라운 것은, 잘 알려진 바와 같이 왕세자 전하께서는 평소의 겸허*한 태도를 극복하느라 애쓴 반면 잔은 굳은 확신을 보여 주었다는 것이다. 왕세자는 잔과 단둘이서 대화를 나눈 뒤 갑자기 달라졌다.

이 사실에 대해서는 그 자리에 있던 증인들이 모두 동의한다. 그는 환한 얼굴로 방에서 나왔고, 몇몇 측근들에게

측근
곁에서 가까이 모시는 사람.

겸허
남에게 자기를 낮추어 순하게 대하는 태도.

잔이 하느님 말고는 아무도 모를 자신의 비밀을 알고 있더라고 털어놓았다.

물론 잔은 자세한 것은 알 수 없었다. 만약 잔에게 이 이상한 이야기에 대해 물었다면 그 애는 대답하지 못했을 것이다.

나중에 재판을 받을 때 잔은 하느님께서 보여 주신 계시를 아무에게도 말하거나 폭로하지 않았고 오직 왕세자에게만 전했다고 강조했다. 잔은 계시를 입 밖에 내지 않았다. 만약 그랬다면 머리를 잘라도 좋다고 말할 정도였다. 나 역시 그 애가 계시를 사람들에게 말했다고 믿고 싶지 않다. 그래야 내 사랑하는 누이동생에게 최소한의 경의를 표하는 거라고 생각한다.

장 파스크렐의 말에 따르면, 그 애는 왕세자와 대화하면서 그는 왕의 아들이며 프랑스의 진정한 상속자라고, 곧 랭스에서 축성을 받고 왕위에 오르게 될 거라고 확신시켰다고 한다.

이 첫 번째 알현은 잔의 운명을 확고하게 만들었다. 왕세자는 그 자리에서 자신이 머무르고 있는 숙소 바로 옆에 위치한 쿠드레 탑 안에 잔을 위한 숙소를 준비하라고 명했다. 또한 왕세자는 젊은 청년 루이 드 쿠트로 하여금 잔의 시중을 들게 했다. 그는 매우 헌신적인 젊은이로, 나중에 잔의 시동*이 되었다.

잔이 시농에 도착한 다음 날 혹은 그다음 날 일어난 이 일화*를 내게 들려준 것이 바로 루이 드 쿠트이다.

탑에는 '라 퓌셀'을 만나고 싶어하는 대영주들이 끊임없이 오갔다. 사람들은 그때부터 잔을 그렇게 불렀다. 루이는 잔 곁에 지켜 서서 지체 높은 방문객들의 이름을 알려 주었다.

잔은 평소처럼 가능한 한 오랫동안 방 안에서 무릎을 꿇고 기도했다. 하지만 왕실 측근들의 호기심을 풀어 주기 위해 기도를 중단해야 할 때에도 결코 초조해하지 않았다. 저녁이 되었을 때 루이는 잔의 뺨에 눈물이 흐르는 것을 보았다. 잔은 그가 잘 알아들을 수 없는 말들을 중얼거리고 있었다.

잔은 왕세자에게 중요한 말을 전했고, 이제 사랑하는 가족들에게서 멀리 떨어져 정말로 혼자 있게 된 것이다. 하지만 시간이 흐르자 잔은 다시 미소를 지으며 즐겁게 말했다.

"피에르 오빠와 장 오빠가 옆에 있으면 정말 좋겠어요.

시동(侍童)
귀인 밑에서 심부름을 하는 아이.

일화
흥미로운 작은 이야기.

이건 하느님께서 원하시는 일이에요."

잔은 왜 갑작스러운 슬픔을 느꼈을까. 불굴의 의지와 열렬한* 태도는 평소와 같았지만, 잔은 조금 침울해져 있었다. 사명의 무게에 갑작스레 짓눌리기라도 한 듯······.

그때 잔은 힘주어 말했다고 한다.

"일 년. 일 년이면 될 거예요. 더 걸리지는 않을 거예요."

아, 잔은 진실을 말했다.

열렬하다
어떤 것에 대한 애정이나 태도가 매우 뜨겁다.

중세 때는 땅의 대부분이 시골이었고, 도시는 예외적인 모습을 띠었다. 도시는 자신을 보호하는 성벽 뒤에서 그물처럼 얽힌 골목길들을 형성해 갔다. 목재로 지은 높은 집들이 수많은 교회들, 돌로 지은 저택들 그리고 호화로운 왕궁 주변에 다닥다닥 붙어 있었다.

© J. Vigne

시농 성과 오를로주 탑

◀ 부르주에 있는 자크 쾨르의 집 정면. 15세기

▲ 길거리 풍경. 왕족들의 통치에 관한 책, 파리

© Bridgeman-Giraudon

저택
왕의 재무관이었던 자크 쾨르는 자신의 호화로운 저택 정면에 이렇게 자기 아내의 모습을 조각하게 했다.

도로
도로는 대개 좁았고, 포장되어 있는 경우도 드물었다. 도로 주변은 활기차고 시끌벅적했다. 간판을 내걸고 선전을 하는 차양 아래와 진열대 주변은 상인들로 북적였다. 도로는 또한 축제와 구경거리, 행진, 연극 상연이 이루어지는 장소였다.

인구
중세 말, 도시의 그물망은 빽빽했다. 30여 개의 도시가 인구 만 명을 넘어선 상태였다. 파리 인구는 20만, 리옹은 5만이었다. 전염병(특히 악명 높았던 것이 흑사병)이 다른 어려움들과 함께 도시의 인구를 감소시켰다. 그러나 백 년 전쟁이 끝나자 인구는 빠르게 회복되었다.

잔과 호위대의 눈앞에 시농 성벽의 윤곽이 드러났다.

시농 성
비엔 강 상류에 지금도 시농 성의 폐허가 남아 있다. 잔은 여기서 샤를 7세를 처음으로 만났다. 그날 프랑스 왕은 루아르 강 남쪽 영토들을 시찰했고, 궁정은 부르주에서 로슈로 다시 로슈에서 시농으로 옮겨졌다. 만약 영국인들이 오를레앙을 포위한다면, 이곳은 강을 건너는 유일한 두 개의 다리 중 하나를 가진 도시가 될 터였다.

왕의 입성
많은 프랑스 도시들 혹은 왕국의 수도인 파리로의 왕의 입성은 매우 공식적인 의식 아래 치러졌다. 주민들은 도시 성문으로 모여 백합꽃 문양으로 장식한 의상을 입은 그들의 군주를 맞아들였다. 행진은 트럼펫 소리가 울리는 가운데 이루어졌다.

◀ 베리 공작에게 시의 열쇠를 건네는 리모주의 세 행정관. 프루아사르 연대기, 브장송

▼ 파리로 입성하는 샤를 5세. 1364년 5월 28일, 생 드니 연대기, 파리

도시의 열쇠
왕이나 그의 대리인이 방문했을 때 혹은 적이 도시를 점령했을 때, 부르주아들은 환영 혹은 항복의 의미로 도시의 열쇠를 건네주었다.

기다림

시농에서 잔은 여러 대영주에게 경탄*을 불러일으켰을 것이다. 사람들이 나에게 해 준 이야기에 따르면, 그 애는 많은 대화와 사변*의 중심이 되었다고 한다. 이 농부 처녀가 훌륭한 대장들도 실패한 그 일을 정말 해낼 수 있을까? 그녀가 정말 오를레앙을 해방시킬 수 있을까?

왕세자 외에 알랑송 공작도 잔에게 경탄했다. 그때 그는 소뮈르에 있었는데, 영국인들을 쫓아내라는 하느님의 부름을 받았다는 처녀가 시농에 왔다는 소식을 듣자마자 전속력으로 말을 달려 왕세자의 거처로 왔다. 그는 잔을 만났고, 잔은 그를 보고 매우 흡족해*했다. 왕족 혈통을 가진 사람들이 많이 참여할수록 프랑스 진영이 강력해질 거라 여겼기 때문이다. 오랜 전통의 부르고뉴 가계*는 프랑스를 서양에서 가장 기독교적인 나라로 만들었다.

경탄
몹시 놀라며 감탄함.

사변(思辨)
잘 생각하여 사물의 도리를 분별하는 일.

흡족하다
넉넉하여 조금도 모자람이 없다.

가계
대대로 이어 내려온 한 집안의 계통.

섭리
하느님이 원하는 세상의 질서.

베드퍼드 공작
영국 왕 헨리 5세의 형제. 헨리 5세가 세상을 떠난 뒤 헨리 6세의 섭정이 되어 프랑스를 다스렸다.

수령증
돈이나 물품을 받았다는 증거로 써 주는 증서.

능란함
익숙하고 솜씨가 있음.

용의주도
마음의 준비가 두루 미쳐 빈틈이 없음.

출두
어떤 곳에 몸소 나감.

알랑송 공작은 오랫동안 영국에 포로로 붙잡혀 있다가 몸값을 치르고 프랑스로 돌아온 터였다. 그러나 몸값을 다 치르기 전에는 전투에 참여할 수 없었다. 우연인지 섭리*인지 오를레앙 해방 직후에 베드퍼드 공작*이 그에게 몸값 수령증*을 써 주었다. 잔이 즐겨 부르던 대로 말하자면 그 '잘생긴 공작'은 모든 전투에서 잔과 함께 했다.

잔을 처음 만난 바로 다음 날, 알랑송 공작은 성에서 멀지 않은 곳에서 잔을 만나 초원으로 창던지기 훈련을 갔다. 훈련하는 잔을 본 사람들은 그 애가 어릴 때부터 전투 훈련을 받은 것처럼 말을 아주 잘 탄다는 것을 알게 되었다. 하느님께서는 그 애에게 충분한 재능을 선물해 주신 것 같다. 전장에서 잔이 보여 준 민첩함과 능란함*은 그만큼 대단했다. 알랑송 공작은 너무나 만족해서 그 자리에서 잔에게 좋은 말 한 마리를 내려주었고, 잔은 그에게 감사했다.

하지만 왕세자 전하의 두려움을 없애 버리기에는 상황이 아직 충분하지 않았다. 그는 왕족답게 용의주도*했다. 잔은 신앙 문제에 정통한 성직자들 그리고 또 다른 신학자들 앞에 두 번 더 출두*해야 했다. 시농과 푸아티에는 종탑이 많은 매우 아름다운 도시였다. 특히 푸아티에에는 당시 영국의 지배를 받기를 거부한 파리 대학 교수 몇 명이 피난을 와 있었다. 잔은 성직자와 신학자들의 질문을 받았고, 그들은 잔이 자신의 뜻을 매우 강하게 밝힌다는 것을 알았다. 하지만 때때로 어려운 질문이 쏟아졌다. 그들 중 한 사람이 잔에게 다음과 같이 말했다.

"너는 목소리가 너에게 이렇게 말했다고 주장한다. '하느님께서는 프랑스 백성들을 재난*에서 해방시키기를 원하신다.' 하지만 정말 하느님께서 그러기를 원하신다면, 굳이 무장*을 할 필요가 없지 않느냐?"

잔은 망설이지 않고 대답했다.

"우리는 무장을 하고 하느님의 이름으로 싸울 것이고, 하느님께서는 우리에게 승리를 주실 것입니다."

잔이 하느님의 사자임을 증명하는 표적을 보이라고 요구한 세갱 신부에게는 이렇게 응수했다.

"하느님의 이름으로 말씀드리지만, 저는 표적을 보이기 위해 푸아티에에 오지 않았습니다. 저를 오를레앙으로 인도해 주시면 그때 표적을 보여드리겠습니다."

세갱 신부는 리모주 지방 사투리를 써서 그 목소리가 어떤 언어로 말하더냐고 잔에게 물었다. 잔은 이렇게 대답했다.

"당신이 쓰는 것보다 훌륭한 언어로요."

재난
뜻밖의 변고로 받는 곤란이나 큰 불행.

무장
전투에 필요한 장비를 갖춤. 또는 그 장비.

분노
분하여 성을 냄.

　이러한 대답은 그 자리에 모인 사람들의 분노*를 불러일으킬 수도 있었을 것이다. 그러나 다행히 아무 일도 일어나지 않았다. 이 농부 처녀는 자신의 뜻을 직접적으로 표현할 뿐 무례하게 굴 생각이 없으며, 정직하고 단순하다는 것을 이해했기 때문이었을 것이다.
　어쨌거나 그 애는 그 모든 시험을 잘 치러 냈다. 시험을 치른 뒤 잔은 정말로 처녀인지 확인도 받았고, 그 뒤부터는 많은 사람들이 그 애의 말을 굳게 믿었다. 희망이 사람들의 마

음을 사로잡았고, 잔이 전투를 준비하기 위해 시농과 투르를 하나로 모은 것에 대한 커다란 찬양과 기도가 뒤따랐다.

내 형 장과 나는 그 무렵 잔을 다시 만났다. 4월 초순경 동레미 사람들은 푸아티에 질의문답의 결과를, 왕세자의 고문관이 잔이 전쟁에 참여하도록 허락했다는 사실을 알게 되었다. 무장한 남자들이 잔을 뒤따르며 섬기게 되었다. 우리도 함께 싸우기를 원했고, 무엇보다 잔을 만나고 싶었다. 우리는 길을 떠났고, 2주 후 투르에 도착했다.

압도되다
우세한 힘이나 재주에 꼼짝 못 하고 눌리다.

마구
말을 타거나 부리는 데 쓰는 기구.

　사랑하는 누이동생을 다시 만났을 때 내가 느낀 기쁨을 어떻게 묘사하면 좋을까? 농부 처녀는 정말이지 달라져 있었다. 뭔가 무서울 때면 나에게 달려와 꼭 안기던 예전의 잔이 아니었다. 동레미를 떠나기 직전 말수가 없고 조금 초조해하던 잔도 아니었다. 잔에게서는 거역 못 할 기운이 풍겨 나오고 있었다. 잔은 권위 있게 말을 하고 명령을 내렸다. 잔이 머무르고 있는 장 뒤퓌의 집 주변에는 흥분이 감돌고 있었다. 나는 완전히 압도되는* 느낌이었다. 그것을 알아차리고 잔이 웃음을 터뜨렸다.

　"기다려 봐요! 오빠는 아직 다 본 게 아니에요!"

　잔은 나를 옆방으로 데려가더니, 왕세자가 자기를 위해 장인을 시켜 만들게 한 마구*를 보여 주었다. 정말 훌륭한 마구였고 잔의 몸에 꼭 맞았다. 그 마구는 앞으로 있을 전투들에서 잔이 부상을 입지 않도록 보호해 줄 것이었다.

　잔은 그때부터 검도 가지고 다녔다. 출발하기 전 로베르 드 보드리쿠르가 준 검이 아니었다. 사람들이 나에게 해 준 이야기에 따르면, 그 애는 목소리의 인도에 따라, 내가 거기 도착하기 며칠 전 생트 카트린 드 피에르부아에 있는 교회 제단 뒤에 반쯤 파묻혀 있던 그 검을 찾아냈다고 한다. 검을 문지르자 묻어 있던 녹이 기적처럼 벗겨져 나갔다.

잔은 또한 기장*을 주문하여 휘날리게 했는데, 그것은 오늘날까지도 그 애의 사명과 전투를 가장 잘 상징해 주는 물건으로 남아 있다. 잔은 그 기장에 마지막 심판 날 구름이 뒤덮인 하늘 왕좌 위에 앉아 있는 예수의 모습을 그려 넣기를 원했다. 예수의 양옆에는 천사가 한 명씩 서 있고, 우리의 구원자께서는 천사가 들고 있는 백합꽃을 축복하고 계셨다. 잔은 모든 전투에서 그 기장을 휘날릴 것이었다.

어느 목요일, 우리는 블루아로 가는 길에 올랐다. 왕세자 전하께서 그곳에 자신의 군대를 소집*하기로 결정했던 것이다. 병사들을 다시 몇 개의 무리로 나누고 식량도 모아야 했다. 잔은 조금 초조해하고 있었다. 영국인들은 어떻게 대응해야 할지 잘 알고 있었다. 그들이 불시에 습격을 당하여 패배할 리 없었다.

3월 22일, 잔은 아직 푸아티에에 있었다. 잔은 영국인들에게 보낼 편지 한 통을 받아쓰게 했고, 싸움을 피해 보려고 애썼다. 잔은 영국인들에게 프랑스 왕국을 떠나라고 명령했는데, 그러지 않으면 그들을 프랑스 밖으로 쫓아낼 거라고 위협했다.

기장(旗章)
국기, 군기, 교기 따위의 표장.

소집
불러서 모음.

보쿨뢰르와 시농 사이의 수백 킬로미터를 보잘것없는 호위대를 거느린 채 달린 것만이 잔의 업적은 아니다. 그녀의 특별한 운명은 그녀가 체포되기 전과 후에 왕국의 북쪽 절반을 끊임없이 말을 타고 달리도록 이끌었다.

동레미
15세기에 개조와 확장이 이루어진, 잔이 어린 시절을 보낸 돌로 만든 견고한 집은 유복한 농부의 집이었다.

1. 동레미에 있는 잔의 집
2. 보쿨뢰르에 있는 프랑스 성문

로슈
잔은 오를레앙 이후 이곳에서 왕세자를 다시 만난다. 그녀는 아마도 여기서 왕세자가 랭스로 가서 축성을 받도록 설득했을 것이다.

보쿨뢰르

잔은 도시에 남아 있는 유일한 요새의 잔해인 이 문을 통해 1429년 봄 보쿨뢰르를 떠났을 것이다.

푸아티에

파리 대학의 교수들이 영국인들의 신탁 통치에서 벗어나기 위해 푸아티에에 와 있었다. 잔은 이들 앞에 출두했다.

3. 푸아티에에 있는 공작들의 궁전   4. 로슈   5. 루앙에 있는 비외마르셰 광장

푸아티에는 종탑이 많은 매우 아름다운 도시였다.

루앙

잔은 마지막 몇 달 간 루앙의 쿠로네 탑에 갇혀 지냈다. 오래된 시장이 있는 비외마르셰 광장은 나무로 만든 오래된 건물 외면들을 보존하고 있다. 이 광장은 중세 때 공개 처형을 집행하는 장소로 사용되었다. 1431년 5월 30일 잔 다르크가 화형당해 숨을 거둔 것도 바로 이곳이었다.

첫 번째 전투

　블루아 시와 주변 들판은 군중이 모여들어 활기를 띠고 있었다. 사람들은 군대에 필요한 물품을 보급하고* 영국인들의 오랜 포위 공격 때문에 굶주린 오를레앙 주민들에게 양식을 전달하기 위해, 밀을 실은 짐수레들을 모으고 가축들을 데려왔다. 대장들은 부하들을 데리고 모여들었다. 어떤 이들은 승리의 유혹에 이끌렸고, 어떤 이들은 나라 전체에 퍼진 잔의 명성에 이끌렸다.

　훈련되지 않았던 병사들은 점차 전투에 익숙해졌다. 잔의 존재는 병사들에게 이상하게 느껴졌다. 연약한 여자의 몸으로, 게다가 그렇게 젊은 처녀가 어떻게 적과 싸울 수 있단 말인가? 그런 그들을 바라보면서 나 또한 질문해 보았다. 잔이 적들의 공격에서 자기 자신을 지켜 낼 수 있을까? 왕세자는 잔에게 장 돌롱이라는 시종을 붙여 주었다.

> 보급하다
> 뒷바라지하기 위해 물품을 대어 주다.

보완하다
보충하여 온전하게 하다.

변덕
이랬다 저랬다 변하기를 잘하는 성질이나 태도.

매춘부
몸을 팔아 생활하는 여자.

그는 잔의 군사 훈련을 도와주었다. 그의 충성심은 내가 보증할 수 있다. 그는 잔이 콩피에뉴에서 그 슬픈 한나절을 보내게 될 때까지 그 애 옆에 머물렀다. 그러나 이 헌신적인 동지도 잔의 연약한 몸을 보완해* 줄 수는 없었다. 아직 한 번도 전투를 치르지 않았기 때문에, 나는 잔이 용기와 결의만으로 육체적 연약함을 극복할 수 있을 거라고는 생각지 못했다.

싸움을 피해 보려는 잔의 생각을 변덕*으로 여기고 화를 내는 사람들도 있었다. 잔은 뒤에서 들려오는 욕설을 견뎌 내지 못했고, 사람들에게 속마음을 솔직히 털어놓으라고 했다. 잔은 병사들 옆을 따라다니던 매춘부*들을 거침없이 내쫓았다. 또한 출발 전 마지막 며칠을 병사들의 영혼을 보살펴 줄 사제들을 위한 새로운 군기를 만드는 데 썼다. 성직자들은 성가를 부르며 앞으로 나아갈 것이다. 어느 날인가 한 병사가 중얼거렸다.

"이게 무슨 전쟁입니까? 이건 전쟁이 아니라 성지 순례예요."

잔은 하느님에 대한 믿음을 조롱하는 그런 말을 들을 때마다 경솔하게 굴지 말라고 훈계했다. 어쨌거나 잔이 그렇게 한 것은 헛되지 않았다. 잔의 권위는 용맹한 라 이르, 에

티엔 드 비뇰의 권위와 견줄 만해서, 더 이상 지휘봉을 내보이며 말하지 않아도 되었다.

샤를 왕세자께서는 신중한 현자일까, 아니면 의심이 많은 분일까? 왕세자께서는 군대의 지휘권을 잔에게 주지 않고 노련한 대장들에게 주셨다. 그러나 잔은 그것에 대해 화내지 않았다. 잔은 대장들이 남쪽으로 내려갔다가 다시 동쪽으로 도시를 감싸 돌아 왼편 기슭에서 오를레앙을 공격하기로 결정한 것을 이해하지 못했다. 그들은 방어가 약한 쪽에서 공격하고 싶어한 반면, 잔은 가장 빠른 길을 택하고 싶어했다.

4월 말, 내가 속한 작은 전위 부대*는 조금 후퇴했다가 오를레앙 근처의 르 포르트로에 다다랐다. 거기서 잔은 지금은 뒤누아 백작이 된 오를레앙 공 바타르* 전하를 처음으로 만났다. 몇 달 전부터 영국군에 맞서 도시를 방어하고 있던 그분은 잔을 만나러 왔고, 잔은 입을 열어 이렇게 말했다.

"당신이 오를레앙 공 바타르이십니까?"

"그렇다. 바로 나다. 그대가 도착해서 기쁘다."

"제가 저 강기슭을 통해 이곳에 오도록, 영국인들이 있는 곳으로 곧바로 가지 못하도록 하신 게 당신이십니까?"

전위 부대
전위대. 부대 이동 시 중단 없는 전진을 보장하기 위하여 본대의 맨 앞에서 경계와 수색 임무와 아울러 진로를 방해하는 장애물을 제거하는 임무를 맡은 부대.

오를레앙 공 바타르
오를레앙 공 루이와 마리에트 당기앵 사이에서 태어난 사생아. '바타르'는 사생아라는 뜻이다.

"나뿐 아니라 많은 사람들이 그것이 확실하고 현명한 길이라고 생각했다."

"하느님의 이름으로 말씀드리건대, 우리 주 하느님의 충고가 당신의 충고보다 더 현명하고 확실합니다. 당신은 내가 틀렸다고 생각하겠지만 틀린 건 오히려 당신입니다. 나는 당신에게 어떤 병사나 도시가 가져다준 것보다 더 좋은 구원을 가져왔습니다. 하늘의 왕께서 주시는 구원입니다."

나는 잔의 단호한 어조가 지체 높은 분의 심기를 불편하게 하지 않을까 싶어 겁이 났다. 바로 그때, 바람의 방향이 갑자기 달라졌다. 마침 바람 때문에 식량을 실은 배들이 루아르 강을 거슬러 올라가지 못하고 있어서 걱정하고 있던 오를레앙 공 바타르는 큰 충격을 받았다. 몇 주 동안 사람들이 말하는 것을 듣긴 했지만, 잔이 자신에게 그런 큰 구원을 가져다줄 거라고는 생각하지 못했던 것이다.

오를레앙 공 바타르는 내가 속해 있는 2백 명의 창병*들로 구성된 호위대를 이끌고 오를레앙 시 안으로 들어가라고 잔에게 권유했다. 큰 규모의 군대가 강을 건너기 위해 블루아로 오는 동안 우리는 배를 타고 루아르 강을 건넜다. 걸어서 건너기에는 물이 너무 높이 차 있었기 때문이다.

창병
창을 쓰는 군사.

그리하여 4월의 마지막 금요일 저녁, 우리는 마침내 도시 안으로 들어갔다. 잔이 앞장을 섰고, 오를레앙 공 바타르 옆에는 귀족과 용맹스러운 영주들의 무리가 뒤따르고 있었다. 동레미의 보잘것없는 농부인 내가 그 한가운데에서 자랑스럽게 말을 타고 가고 있었다. 주민들이 길옆으로 비켜서면서 열렬한 환호를 보냈다. 그들의 눈은 기쁨으로 반짝이고 있었다. 몇 주 동안 굶주림으로 고통받았지만 이제 새로운 희망이 솟아오른 것이다. 활활 타오르는 횃불이 우리의 갑옷을 비추었고 황혼이 감동을 더해 주었다.

그 광경을 보려고 사람들이 점점 더 많이 모여들어서 길

삼각기
중세 기사가 창 끝에 매달아 갖고 다니던 군기의 일종.

신속하다
썩 빠르다.

탈취하다
빼앗아 가지다.

은 더욱 혼잡해졌다. 앞에서 무슨 일이 일어나고 있는지 잘 보이지 않았다. 잔이 나중에 이야기해 준 바에 따르면, 군중이 가까이서 잔을 만져 보려고 마구 몰려들었다고 한다. 그러던 중 잔이 들고 있던 삼각기*에 불이 붙었다. 잔이 탄 말이 뒷발로 일어서서 뒤로 도는 모습이 내 눈에 들어왔다. 그러나 잔은 침착하고 신속하게* 불을 껐고, 그 행동은 사람들의 경탄을 불러일으켰다.

우리는 성벽에 맞닿아 있는 오를레앙 공의 재무관 자크 부셰의 처소까지 행진했다. 우리는 거기 머무를 예정이었다. 소란이 끊이지 않는 가운데 주민들이 구원과 해방을 가져다준 처녀를 보려고 그 집 현관 앞으로 몰려들었다.

다음 날, 잔은 도시를 둘러싸고 있는 영국 성채를 포위하려 했다. 병사들 앞에 선 잔은 적에게 이렇게 외쳤다.

"하느님의 사자인 라 퓌셀에게 당신들이 프랑스에 침입하여 탈취한* 모든 도시들의 열쇠를 돌려주시오! 눈에는 눈, 이에는 이, 하늘의 왕인 하느님께서 당신들을 프랑스에서 몰아내라고 나를 보내셨소!"

피를 흘리지 않고 해결해 보려는 생각이었지만 헛된 시도였다. 잔은 적들에게 조롱을 받고 심한 욕설을 들었다. 그러나 잔은 적들의 조롱보다는, 오를레앙 공 바타르가 대규모 군대가 도착하기 전에 공격을 개시할 것을 거절한 것에 대해 더 화를 냈다.

사람들은 잔의 조바심*에 관해 내게 여러 번 질문했다. 그들은 잔이 참고 기다리지 못한다고 생각하는 듯했다. 그러나 나는 잔이 옳았다고 믿는다. 사명을 이루려면 민첩해야 했다. 가능한 한 빠르게 적을 쳐부수고 왕세자를 축성하기 위해 곧바로 랭스로 진군해야 했다.

그러던 어느 날, 아마도 우리가 도착하고 닷새째 되는 날, 첫 전투가 다가왔다. 전투는 우리가 미처 준비하지 못한 사이에 시작되고 있었다. 사람들이 와서 방금 도착한 대규모 군대가 생 루 요새를 공격하기 시작했다고 알려 주었다. 잔은 불같이 화를 냈다. 그들은 잔에게 알리지 않는 것이 좋겠다고 판단하고 일단 공격을 시작했던 것이다. 잔은 갑옷을 갖춰 입고 전속력으로 말을 달려 도시 전체를 가로질렀다. 나는 그런 잔을 따라가느라 무척 애를 먹었다.

잔이 도착했을 때, 영국인들은 교회의 폐허에서 완강*히 버

조바심
느긋하게 기다리지 못하고 마음을 졸임.

완강
태도가 모질고 의지가 굳셈.

첫 번째 전투 ■ 87

티고 있었다. 상황은 위태로웠다. 하지만 우리 병사들은 잔이 우리를 지켜 주고 있는 것처럼 용감하게 다시 공격을 시작했다. 얼마 지나지 않아, 요새는 탈환*되었다. 첫 번째 전투, 첫 번째 승리였다. 하지만 희생자들도 생겼다.

행복감이 슬픔으로 조금 흐려졌다. 고백 성사를 받지 못하고 세상을 떠난 그 모든 사람들, 고통으로 신음하고 있는 부상자들……. 우리는 동레미에서도 전쟁의 공포를 알고 있었다. 그러나 지금 우리 눈앞에서 벌어진 것은 진정한 살육*이었다. 잔은 눈물을 흘렸다. 나도 눈물이 나려는 것을 애써 참았다. 그러나 잔은 사람들의 힘과 정신을 빠르게 회복시켰다.

"오빠, 힘내고 용기를 가져요."

잔이 나에게 말했다. 오를레앙이 해방되기까지는 닷새도 채 남아 있지 않았다.

탈환
도로 빼앗음.

살육
사람을 마구 죽임.

1415년 아쟁쿠르, 1424년 베르뇌이. 영국인들은 오랫동안 조직적인 전투에서 프랑스에 대해 우위를 보여 왔다. 그러던 중 잔 다르크가 파테에서 승리를 거둠으로써 사태의 흐름이 바뀌었다. 열정은 부대 분위기를 변화시켰다. 하지만 오를레앙의 잔 다르크는 무엇보다도 포위 전쟁에서 이름을 드날렸다.

요새화된 성벽
전쟁은 성벽을 보존하는 것을 전제로 한다. 성벽을 복구하고 건설하는 것은 왕국의 경제적 부담을 가중시켰다.

▲ 파리 공격을 지휘하는 잔. 샤를 7세의 야경꾼들, 파리

파리의 성벽 아래에서
파리는 영국-부르고뉴 연합 세력의 지배 아래에 있었다. 왕국 군대가 다가오고 있다는 것을 알게 된 그곳 주민들은 요새를 강화하고 도시를 방어할 준비를 했다. 9월 8일, 잔은 공격을 지휘했고, 자신이 지휘권을 지니고 있음을 보여 주었다. 사람들은 성채를 둘러싼 해자(성 둘레에 도랑처럼 판 못)를 메우기 위해 건축 자재들을 날랐다. 그 후에는 사다리가 세워질 터였다. 예술가들은 그날 굉장한 소음을 낸 대포와 장포(長砲) 소리를 제대로 표현해 내지 못했다.

ⓒ J. Vigne

오를레앙
영국인들은 성벽을 마주한 도시 둘레에 요새를 세웠다. 그 요새들의 이름은 오귀스탱, 생 로랑 또는 생 루였다. 그들은 또한 루아르 강 왼쪽 기슭 다리 발치의 투렐 요새를 장악하고 있었다.

불대포
불대포는 14세기에 등장했다. 이후 들판에서도 사용할 수 있도록 좀 더 가벼운 무기로 수정되긴 했지만 포위 공격을 위한 무기로 여전히 쓰였다. 야금술의 발달을 증명해 주는 불대포는 돌 또는 쇠로 된 포탄을 쏘았다.

◀ 1429년의 오를레앙 시 지도. 1640년에 재현된 것, 오를레앙

기계식 대포
성을 공격하는 데 쓰이는 무기는 노포(弩砲), 투석기, 석궁 등 다양했다. 어떤 것들은 수백 킬로그램의 탄환을 쏘아 올릴 수 있었다.

그러던 어느 날, 아마도 우리가 도착하고 닷새째 되는 날, 첫 전투가 다가왔다.

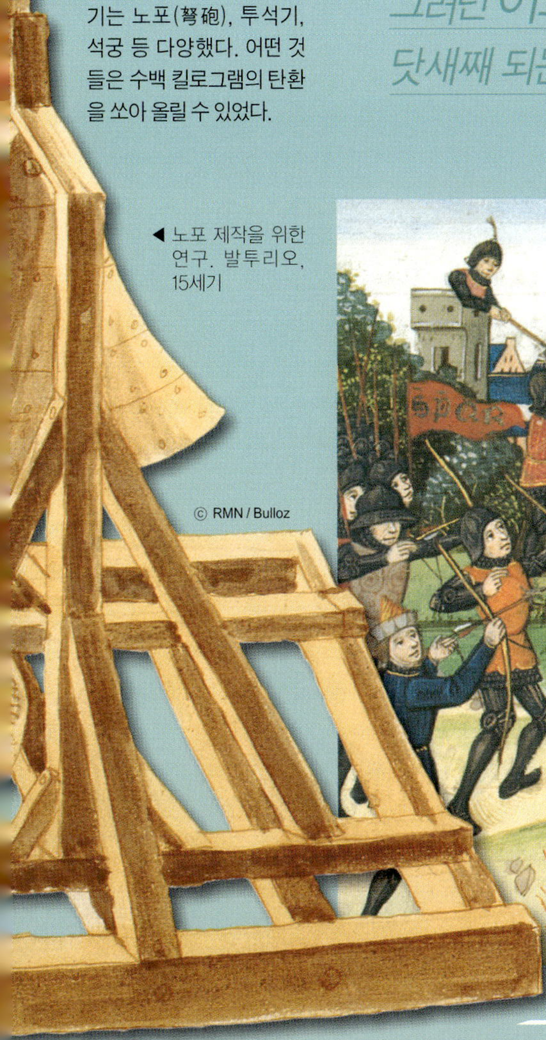

◀ 노포 제작을 위한 연구. 발투리오, 15세기

ⓒ RMN / Bulloz

▼ 사건들의 꽃. 제네바

ⓒ J. Vigne

승리의 시간

예수의 승천*의 날, 정전*과 기도의 날, 잔은 전투를 또 치르기 전에 영국인들에게 자기 나라로 돌아가라고 한 번 더 말하고 싶어했다. 잔은 편지를 써서 화살에 묶은 뒤 사수를 시켜 적의 주둔지에 쏘게 했다.

그러나 영국인들의 대답은 이것이었다.

"그 매춘부는 집으로 돌아가서 자기 암소들이나 지키라고 하시오!"

다음 날, 잔과 라 이르는 도시 통치자들의 만류*에도 불구하고, 생 장 요새와 생 오귀스탱 요새를 점령하였다. 그리고 영국 군대가 투렐 요새 안에 피난처를 마련할 수밖에 없도록 몰아대면서 새로운 출격을 감행했다. 저녁에 잔은 승리의 신호가 보인다고 말했다. 적군이 요새 안에 틀어박혀 있었던 것이다.

승천
하늘에 오름. 가톨릭 신자가 죽는 일.

정전(停戰)
전투 행위를 그침.

만류
그만두도록 말림.

견갑골
어깨뼈.

피에
길이를 측정하는 옛 단위. 1피에는 약 33센티미터.

해자
성 주위에 둘러 판 못.

돌진
거침없이 나아감.

토요일은 결정적인 날이 될 것이다. 새벽에 종군 신부 장 파스크렐의 인도에 따라 미사를 드린 뒤, 공격이 시작되었다. 그날의 기억은 지금까지도 나를 떨리게 한다. 정오경, 화살 한 개가 날아와 잔의 어깨를 스쳤다. 화살은 잔의 목과 견갑골* 사이를 반 피에*가량 찢어 놓았다. 우리는 잔을 대피시켰다. 잔은 고통스러워했고 눈물을 흘렸다. 한순간 잔이 죽는 게 아닌가 하는 생각마저 들었다. 다행스럽게도 상처는 그리 깊지 않았다. 우리는 잔의 상처에 올리브 오일을 바르고 얇게 저민 돼지비계를 붙여 주었다. 몇 분 뒤, 잔은 다시 공격에 나섰다.

해가 지기 시작했고, 영국인들은 계속해서 저항했다. 오를레앙 공 바타르가 트럼펫을 울려 후퇴를 지시하라고 명령을 내렸다. 그러나 소란한 전투에서 멀어져 기도를 드리기 위해 잠시 포도밭에 물러가 있던 잔은, 피로에도 불구하고 마지막 공격을 지시했다.

잔의 기장을 들고 있던 시종이 성채 가장자리를 두르고 있는 해자*로 내려갔다. 모든 사람이 깃발을 볼 수 있기를 바란 잔은 서둘러 달려가 깃대를 빼앗아 단호한 태도로 하늘 높이 쳐들었다. 펄럭이는 깃발은 공격을 촉구하는 부르짖음이었다. 그것은 영국인들을 휩쓸어 버리자는 돌진*

명령이었다. 잔은 큰 소리로 외쳤다.

"글라스달, 하늘의 왕께 무릎을 꿇으시오. 당신은 나더러 매춘부라고 했소. 하지만 나는 당신과 당신 부하들의 영혼에 연민*을 갖고 있소."

영국군 대장이 즉각 강으로 떨어져 익사했다. 잔은 그의 영혼을 위해 눈물을 흘렸다. 나로 말하자면, 글라스달의 운명 따위는 별로 관심이 없었다. 우리의 승리가 기쁠 뿐이었다. 투렐 점령은 도시와 루아르 강 남쪽을 잇는 거점*을 마련해 주었다.

잔은 오를레앙의 숙소에서 외과 의사의 도움을 받아 기력을 회복했다. 의사는 그 애의 상처를 끝까지 보살폈고, 집주인은 구운 빵 네다섯 조각을 물을 많이 섞은 포도주에 적셔 잔에게 먹여 기운을 차리게 했다.

그러는 동안 나는 영국인들을 감시하기 위해 저녁과 밤 시간을 병사들과 함께 도시 밖에서 보냈다. 도시의 종들이 그토록 기다리던 해방을 알리며 일제히 울렸다. 그날 밤은 내가 지금껏 살아오면서 가장 행복했던 순간이었다. 잔이 이겼다. 그리고 그 승리는 잔의 시도를 정당하게 만들어 주고 있었다.

다음 날인 5월 8일 아침, 전투를 계속할 생각인지 영국군

연민
불쌍하고 가련하게 여김.

거점(據點)
활동의 근거로 삼는 중요한 지점.

전열
전쟁에 참가하는 부대의 대열.

추격하다
뒤쫓아 가며 공격하다.

궤멸
허물어져 없어지거나 망함.

환희
매우 즐거움.

이 전열*을 가다듬고 우리 군대에 맞서 왔다. 이번에 잔은 공격을 거부했다. 그날은 주일이었기 때문에 싸움을 피하고 싶었던 것이다.

"하느님의 이름으로 말하건대, 그들은 가 버렸습니다. 그들이 이곳을 떠나 하느님의 은총을 입도록 내버려 두십시오. 더 이상 추격하지* 맙시다. 오늘은 주일이니까요."

영국인들은 결국 본거지에서 물러갔다.

끝까지 적군을 추격하여 궤멸*시키는 것이 낫다고 항의하는 대장들도 있었다. 그들 말이 옳았는지도 모른다. 그러나 나는 영국인들의 물러남에 뒤이은 환희*를 기억 속에 간직하고 싶다.

오를레앙 주민들은 기쁨의 환호성을 지르며 병사들 주변으로 모여들었다. 군인들에게 갖게 마련인 두려움도 없어 보였다. 그들은 자기 아이들을 돌보듯 병사들에게 숙소를 내주고 먹을 것을 주었다. 그들은 특히 잔에게 큰 환호를 보냈다. 모두 잔의 몸을 만지고 잔에게 말을 걸고 싶어 했다.

대규모 행진이 벌어져 많은 사람들이 저마다 촛불이나 횃불을 손에 하나씩 들고 도시 전체를 돌았다. 오랫동안 기다려 온 승리를 예수의 은혜로 돌리기 위해 교회에서 교회로 행진이 이어졌다. 사람들은 이것은 커다란 기적이라고 말했다. 다음 날, 전투에서 사망한 사람들을 위해 미사가 베풀어졌다.

지금 내 머릿속에서는 그 뒤로 이어진 며칠 그리고 몇 주의 기억이 소용돌이친다. 잔은 마치 성공을 몰고 다니는 듯했다. 무장한 사람들이 새로 합류하여 군대의 규모는 날이 갈수록 커졌다. 이제 희망의 주인이 바뀌었다.

영국 병사들은 오를레앙 포위 공격을 이끈 라 퓌셀에 맞서 싸우는 두려움 때문에 군대를 떠났다. 적들은 탄식*했고, 사망한 적들의 시체는 땅 위에 아무렇게나 버려졌다.

내게는 승리에 대한 기억과 도시가 그들의 군주인 왕세자에게 문을 열어 주던 기억만 남아 있다. 자르조라는 도시를 공격할 때였다. 잔이 사다리에서 떨어졌다가 놀랍게도 다시 일어났다. 그러더니 곧바로 공격을 다시 하도록 병사들을 격려했다. 내가 참여했던 가장 아름다운 전투는 보장시와 파테 전투였다. 그 전투들에서 적들의 희생자는 엄청났지만 우리 쪽 희생자는 단 세 명뿐이었다.

태양은 다시 떠오른다는 말을 누가 썼는지 나는 모른다. 정말이지 도처에서 해가 다시 떠오르고 있었다. 심지어 멀리 이탈리아에서도 잔에게 편지를 보내왔다. 권력자*들은

탄식
한탄하여 한숨을 쉼.

권력자
사람들에 대한 권력을 가진 사람.

 잔에게 충고를 구했고, 백성들은 그 애 앞으로 다투어 모여들었다.
 하지만 왕세자는 랭스로 가는 일을 망설이는 듯 시간을 끌고 있었다. 부르고뉴파의 영토를 통과하는 것은 정말 위험하지 않을까? 주저하는 왕세자를 설득하려면, 잔의 확고한 태도가 무엇보다 필요했다. 잔은 도시들이 그들의 군주인 왕세자에게 문을 열고 열쇠를 건네줄 거라고 믿어 의

심치 않았다. 실제로 오세르에서, 트루아에서, 샬롱에서 그런 일이 일어났다.

즐거웠던 일 중 하나는 샬롱에서 동레미 주민 다섯 명을 만난 것이었다. 그들은 랭스에서 대관식이 열린다는 것을 알고 우리와 합류하기 위해 걸어서 왔다고 했다. 우리는 한참 동안 얼싸안고 기쁨을 나눴다. 잔은 그들 중 한 사람에게 입고 있던 붉은 조끼를 벗어 주었다.

이 만남은 또 다른 만남을 예고했다*. 그 만남은 너무나 짧았던 잔의 삶에 마지막 행복을 주었다. 성당 근처에 도착했을 때, '얼룩말'이라는 여인숙의 십자형 유리창 가에 부모님과 뒤랑 락사르 아저씨가 있는 것이 보였다. 그들은 웃음을 띤 채 눈물을 흘리며 큰 소리로 외치고 손을 흔들었다. 사랑하는 우리 부모님이었다! 도시에서 비용을 대고 그분들을 그 아름다운 방에 머무르게 해 주었던 것이다. 잔이 출발하고 겨우 몇 달이 흘렀지만, 부모님의 얼굴에는 근심으로 주름이 깊게 패어 있었다.

잔은 다시 한 번 부모님에게 용서를 빌었다. 그동안 있었던 일들을 이야기하느라 밤 시간이 정신없이 지나갔다. 어머니는 전투의 위험을 두려워하고 있었다. 하지만 또한 모든 것을 자세히 알고 싶어했다. 잔이 하고 있는 일에 커다

예고하다
미리 일러서 알게 하다.

란 자부심을 느끼기 때문이었다.

대관식 준비가 서둘러 진행되었다. 왕세자를 모시는 사람들은 밤새도록 대관식에 필요한 도구들을 챙기느라 분주했다. 생 드니 수도원* 수도사들의 보호 아래에 있는 왕관과 왕홀이 필요했지만 구할 수 없었다. 사람들은 성당의 보물들 속에서 오래된 왕관 하나를 발견했다. 그것이면 될 것 같았다.

일요일 아침, 드디어 모든 것이 준비되었다.

그 장엄한 의식에 참석한 사람들은 행복할지어다. 수행원들이 앞에서 인도하는 가운데 왕세자께서 성당에 도착했다. 다음으로는 활짝 열린 정문을 통해 하얀 말을 탄 생 레미의 신부가 네 명의 기사의 호위를 받으며 나타났다. 말굽 소리가 교회 바닥에 울려 퍼지는 가운데 행렬은 천천히 앞으로 나아갔다. 행렬은 천개* 아래에서 성유합*을 가져오고 있었다.

왕세자는 교회를 보호하고 평화와 정의를 퍼뜨리겠다고 서약했다. 백성과 성직자들이 동의의 표시로 다 같이 "피아트*! 피아트!" 하고 외쳤다. 알랑송 공작이 왕세자에게 기사 칭호를 주었다.

그 후에는 왕의 상징들인 왕관, 금으로 만든 박차, 왕홀,

생 드니 수도원
프랑스 왕들의 묘지가 있는 곳. 이곳에 왕권을 상징하는 물건들이 보관되어 있다.

천개(天蓋)
왕좌나 제단 위에 치는, 또는 가톨릭교에서 성체 거동 행렬을 할 때 사용하는 닫집(집 모형).

성유합(聖油盒)
프랑스 왕들의 대관식 때 사용한 성유를 담은 그릇.

피아트
'그렇게 되리라' 라는 뜻의 말.

법의 지팡이
사법권을 상징하는, 손을 본뜬 장식이 달린 지팡이.

성유
축복받은 기름.

노엘
좋은 일이 있을 때 말하는 기쁨의 외침.

그리고 법의 지팡이*에 대한 축복이 내려졌다. 이윽고 대주교가 제단 발치에 꿇어 엎드려 있는 샤를 왕세자를 왕으로 인정하는 절차를 행했다. 대주교는 금으로 만든 바늘로 성유합에서 성유*를 조금 찍어 내 왕세자의 머리, 가슴, 양어깨, 두 팔꿈치에 찍었다. 그런 다음, 백합 문양이 그려진 망토를 입히고, 축복받은 장갑 한 켤레를 주더니 손가락에 반지를 끼워 주었다. 왕국의 높은 신하들이 왕관을 왕의 머리 위에 높이 들어올린 채 왕이 왕좌에 가 앉을 때까지 뒤따랐다.

드디어 왕의 머리에 왕관이 씌워지자, 군중은 "노엘*!" 하고 외쳤다. 뒤이어 트럼펫들이 일제히 울렸다. 소리가 너무나 우렁차서 성당의 궁륭이 흔들릴 정도였다.

의식이 진행되는 내내 손에 기장을 든 채 왕 옆에 서 있던 잔은 다리를 모으고 눈물을 흘리며 왕 앞에 무릎을 꿇었다. 그리고 말했다.

"선하신 왕이여, 저로 하여금 오를레앙 포위 공격을 이끌고 당신을 이곳 랭스로 모시고 와 축성받게 하기를 원하셨던 하느님의 뜻이 방금 실현되었습니다. 당신은 참된 왕이시며 왕국은 당신의 소유입니다."

이 말을 듣고 우리 부모님은 눈물을 훔쳐 냈다. 뒤랑 아저씨의 감동도 덜하지 않았다. 그는 전날 저녁 왕께서 잔의 어린 시절 이야기를 듣기 위해 그를 불러들인 일 때문에 완전히 감동에 사로잡혀 있었다.

후에 잔이 루앙에서 재판을 받을 때, 영국인들은 대관식이 진행되는 동안 왕 옆에 있었던 이유에 대해 질문했다. 잔은 이렇게 대답했다.

"그 기장은 수고를 들일 가치가 있었고, 그래서 나는 그것을 들고 왕 옆에 서 있었습니다."

카페 왕정은 왕조에 찬란함을 부여하는 성스러운 장소들을 지니고 있었다. 랭스, 생 드니 또는 파리가 그곳들이다. 그러나 전쟁은 험난해서, 잔이 자신의 사명을 완수하려 할 때 샤를 7세는 그곳들 중 어느 곳도 마음대로 통제할 수 없었다.

세습 왕정

왕위는 오랫동안 선거제로 유지되었다. 랭스 성당 안에 울려 퍼진 백성들의 환호가 그것을 증명한다. 그러나 세습제가 점점 우세해졌고, 왕이 사망하는 순간 그의 아들이 왕이 된다는 개념이 생겨났다. 하지만 잔과 그녀의 동시대인들이 생각할 땐 축성만이 샤를 왕세자를 합법적인 왕으로 만들어 줄 수 있었다.

▲ 샤를 7세의 축성. 샤를 7세의 야경꾼들, 파리

축성

왕세자에 대한 축성은 랭스에서 대주교에 의해 집전되었다. 대주교는 세심하게 배열된 순서를 따라 의식을 진행했다. 왕세자는 서약을 한 후, 기사도를 상징하는 물건들을 몸에 갖추었고, 그런 다음에는 기름 부음을 받았다. 프랑스의 중신들은 왕에게 군주권의 상징물인 반지, 왕홀, 법의 지팡이, 마지막으로 왕관을 건네주었다.

또 다른 대관식

상징의 힘은 대단해서, 섭정으로 프랑스를 다스리던 베드퍼드 공작은 파리의 노트르담 성당에서 헨리 6세의 대관식을 올림으로써 샤를 7세의 랭스 대관식이 주는 반향을 제압하고 싶어했다. 그러나 성유합이 없었고, 이례적인 장소에서 치러진 제2의 축성식은 반향을 거의 불러오지 못했다.

▶ 샤를마뉴 대제의 조각상 위에 있는 샤를 5세의 왕홀. 파리

생트 샤펠 성당

13세기 성 루이 왕에 의해 지어진 생트 샤펠 성당은 파리 시테 섬의 궁전 옆에 있다. 이 성당에는 매우 비싼 값을 치르고 산 예수의 가시관이 보관되어 있다. 왕국의 수도 한가운데에 있는 이 유일한 성유물은 카페 왕정에 더 큰 성스러움을 부여했다.

> 그 후에는 왕의 상징들 왕관, 금으로 만든 박차, 왕홀, 그리고 법의 지팡이에 대한 **축복이** 내려졌고, **대주교가 왕을 인정하는 절차를** 행했다.

생트 샤펠 성당

랭스 성당

생 드니 대성당

파리 북쪽으로 몇 킬로미터 떨어진 곳에 있는 이 수도원 부속 교회에는 프랑스 왕과 왕비들의 묘지가 있었다. 수도원에 사는 수도사들은 군주권의 상징물을 감시했고, 연속되는 치세에 관한 공식적인 연대기를 편찬했다. 생 드니 성당은 그렇게 왕정에 관한 기억들을 형상화했다.

▼ 생 드니 대성당

랭스

클로비스 왕이 랭스에서 세례를 받았기 때문에 카페 왕조 사람들은 이 대주교의 도시에서 축성을 받는 관습을 갖게 되었다.

체포

오를레앙 해방 이후 우리를 사로잡았던 열기*는 대관식 다음 날 자취를 감추었다. 적어도 왕의 측근들은 그랬다. 왜냐하면 그 지역의 도시들이 계속해서 왕에게 복종을 맹세했기 때문이다. 사람들은 도처에서 국왕 폐하에게 경의를 표하며 테 데움*을 불렀다.

잔은 경애*의 대상이 되었지만, 온화하고 겸손하게도 사람들의 경애심을 부드럽게 물리쳤다. 잔이 탄 말의 앞발을 붙잡으려는 사람들도 있었고, 잔의 손과 발에 입을 맞추려는 사람들도 있었다. 잔의 옷 조각을 뜯어내려는 사람도 있었고, 그 애에게 기도를 바치려는 사람들도 있었으며, 성상을 내밀어 잔으로 하여금 그것을 만지게 하려는 사람도 있었다. 이 행동에 대해 잔은 이렇게 말했다.

"여러분 자신이 성상을 만지십시오. 여러분이 만지는 거

열기
열광으로 인한 흥분.

테 데움
승리를 축하하기 위해 부르는 은혜의 성가.

경애
공경하고 사랑함.

고려
어떤 대상이나 사실에 대해 생각하여 헤아리는 것.

절박하다
매우 다급하다.

나 제가 만지는 거나 마찬가지로 좋으니까요."

그러나 정치적 고려*가 열기의 자리를 점점 빼앗는 듯했다. 많은 사람들이 이제는 싸우는 것보다 협상을 하는 게 좋다고 생각했다. 왕은 마음을 정하지 못한 채 주저했고, 뚜렷한 목표 없이 망설이며 우왕좌왕했다.

잔은 열의를 조금 잃어버린 것 같았다. 하지만 영국인들에 대한 투쟁을 포기한 것은 아니었다. 잔은 파리로 진군하기를 절박하게* 원하고 있었다. 잔은 목소리가 명한 두 가지 사명인 오를레앙을 해방시키는 것과 왕을 축성시키는 것을 완수했다.

나는 잔의 얼굴에서 가장 소중한 꿈을 완수한 뒤 뒤따르는 피로하고 지친 표정을 읽었다. 나는 잔이 동레미를 그리워한다고 생각했다. 부모님을 다시 만난 뒤 어린 시절을 보낸 고향 마을에 대한 향수가 되살아난 것이다. 랭스에서 부모님을 돌려보낼 때, 우리는 무척 힘들게 작별 인사를 나누었다. 만약 잔이 앞으로 다시는 부모님을 볼 수 없다는 것을 알았다면, 그분들과 좀 더 오랜 시간을 보냈을 것이다.

오를레앙 공 바타르 전하는 중요한 인사들이 왕을 축하하기 위해 몰려들었을 때 내 누이동생과 랭스 대주교와 함께 나누었던 대화를 나에게 들려주었다.

잔이 외쳤다.

"이 선량한 사람들을 보십시오. 저는 고귀하신 왕의 행차에 이토록 기뻐하는 사람들을 본 적이 없습니다. 아! 저는 너무나 행복해요. 이곳에서 내 삶을 마감할 수 있다면, 이 땅에 묻힐 수 있다면 얼마나 좋을까요."

"오, 잔, 어떤 장소에서 죽고 싶다는 특별한 바람을 갖고 있는가?"

대주교 예하*께서 질문했다.

"하느님께서 좋아하실 곳에서요. 당신께서 모르시듯, 저 역시 제가 죽을 시간도, 장소도 알 수 없으니까요."

침묵의 시간이 흐른 뒤, 잔이 덧붙였다.

"제가 지금 무기를 버리고 물러나 고향으로 가서 부모님을 모실 수 있다면 좋겠습니다. 저를 다시 만나면 그분들이 얼마나 기뻐하실까요!"

만약 잔이 계속 살아 있다면 어떤 일이 일어났을지 나는 잘 모르겠다.

잔은 우리 고향 마을의 조용한 생활로, 지나치게 평화롭게 느껴질 그 생활로 돌아가기를 진실로 바랐을까? 잔은 소박한 농부 처녀로 다시 돌아갔을까? 잔의 머릿속에는 수

예하
교황이나 추기경, 대주교 등 고위 성직자들에 대한 존경의 의미를 담아 부르는 칭호.

많은 질문들이 들끓고 있었고, 내가 보기에는 내면에 찢어지는 듯한 고통을 느끼고 있었다. 그 고통을 내가 늘 알 수 있었던 것은 아니지만……

잔은 파리를 향해 진군하고 싶어했다. 한편 왕은 적대 행위*를 중지하기 위해 부르고뉴 공과 의견을 일치시키려고 애쓰고 있었다. 잔은 전투를 계속 하고 싶은 마음과 왕의 영예*를 지켜 주려는 마음 사이에서 고민했다. 왕의 영예를 지켜 주려면 정전* 상태를 깨뜨리지 않아야 했다. 샤를 7세가 신임하는 고문관들이 잔을 보잘것없고 건방진 처녀

적대 행위
마주 대적하여 버티는 행동.

영예
영광스러운 명예.

정전
교전 중에 있는 쌍방이 합의에 따라 일시적으로 전투를 중단하는 일.

로 취급하며, 중요한 결정을 내릴 때 따돌리려 한다는 것을 잔은 잘 알고 있었다. 잔은 적들이 아니라 왕의 측근들에게 배반당할까 봐 두려워하고 있었다.

전투를 다시 시작하기 위해서는 강한 힘을 보여 주어야 했다. 우리는 그럼으로써 왕이 자신의 수도를 되찾기를 바랐다.

공격 신호는 성모 마리아 탄신일* 날 내려졌다. 우리는 아침에 라 샤펠*을 출발하여 생 토노레 문에 공격을 집중했다. 우리가 짐수레에 날라온 건축 자재들로 도시의 도랑

성모 마리아 탄신일
9월 8일.

라 샤펠
파리 가까이에 있는 마을. 지금은 파리 시에 포함되어 있다.

장포(長砲)
불을 사용하는 가벼운 무기.

쇠뇌
중세에 사용하던 작은 강철 활.

수복
잃었던 땅을 도로 찾음.

을 메우고 있을 때였다. 파리 사람들이 쏜 대포와 장포*들이 날아왔고, 쇠뇌*의 화살이 억수같이 쏟아졌다. 끊임없이 위험에 노출되어 있던 잔이 넓적다리에 화살 한 대를 맞아 부상을 입었다. 잔은 고통스러웠지만 싸움을 계속하고 싶어했다. 주변에 있던 대장들이 잔을 말리며 말했다.

"후퇴해야 합니다. 성벽 밑에 오랫동안 있었기 때문에 병사들의 기력이 다했습니다."

오를레앙에서 잔은 병사들이 기력을 회복하고 휴식을 취할 수 있도록 공격을 연기했었지만 이번에는 그러지 않았다. 잔은 계속해서 전투 신호를 보내고 큰 소리로 명령을 외쳤다. 하지만 나는 잔 자신조차 확신을 갖고 있지 않음을 느낄 수 있었다. 그날 잔의 목소리는 뭔가 어긋나고 있었고, 나는 그 헛된 모험이 영원히 끝나지 않을까 봐 몹시 두려웠다.

다음 날 잔이 알랑송 공작 전하와 함께 공격을 재개하려 했을 때, 바르 공작과 클레르몽 백작은 왕의 이름으로 후퇴 명령을 내렸다. 파리는 수복*되지 못

할 것 같았다.

다행스럽게도 잔은 기꺼이 불운에 맞섰다. 잔은 공격이 취소된 다음 날 프랑스 왕들의 묘지가 있는 생 드니 대성당에서 묵상할 수 있게 된 것을 매우 기뻐했다. 잔은 현자 샤를이 기리기를 원하여 곁에 두었던 뒤 게클랭* 원수*의 묘석 와상*을 보았다. 그리고 자기가 갖고 있는, 예전에 그의 미망인*인 안 드 라발이 소유했던 작은 금반지를 기억해 냈다.

그날 그 아름다운 건축물의 궁륭 아래에서 두 사람이 마주쳤다는 사실을 생각하면 나는 매우 흐뭇하다. 그들은 각자의 방식으로 프랑스 왕국을 영국인들에게서 구원하는데 목숨을 바쳤다. 잔이 전투에서 체포된 적군 병사에게서 빼앗은 마구를 수도원에 매단 것도 같은 날이었다. 잔은 자신의 목숨을 살려 주신 것에 대해 그런 식으로 하느님께 감사드리고 싶었던 것이다.

왕은 오래지 않아 므앵 쉬르 예브르로 갔다. 나는 부르주까지 잔과 함께 갔다. 우리는 거기서 이삼 주쯤 머물렀다. 그 이상의 것은 잘 모르겠다. 나는 한 성직자가 우리에게 기초 지식*인 읽기와 쓰기를 가르쳐 주려고 애썼던 것을 기억한다.

뒤 게클랭
샤를 5세 밑에서 싸우던 군인(1320~1380). 영국인들에 맞서 완강하게 투쟁한 것으로 유명하다.

원수(元帥)
군대를 통솔하던 으뜸 장수.

묘석 와상(臥像)
묘석에 죽은 사람의 누운 모습을 조각해 넣은 것.

미망인
남편이 죽고 홀로 남은 여자.

기초 지식
모든 학문의 기본 토대와 바탕이 되는 지식.

잔은 전에 이미 자기 이름 쓰는 법을 배웠지만, 그 후에도 글쓰기를 계속 익혔는지는 정확히 모르겠다. 나로 말하자면 그 기술을 익히는 데 수년이 걸렸다. 오늘날 이 글을 쓰는 데도 적지 않은 어려움을 겪고 있다. 만약 내가 내게 주어진 임무의 끝자락이라도 흘끗 보기 시작했다면, 불행하게도 이 땅 위에서의 잔의 사명이 종말에 다다랐기 때문일 것이다.

어쨌거나 우리는 싸움을 계속했다. 그러나 위대한 시간은 이미 지나가 버렸다. 왕은 이제 잔에게 중요하지 않은 임무만 맡겼다. 생 피에르 르 무티에에서 잔은 새로운 성공을 거두었다. 그러나 라 샤리테 쉬르 루아르에서는 도시를 탈환하는 데 실패했다.

그리고 겨울이 왔다. 너무 긴 겨울이었다. 잔은 쉴리 쉬르 루아르 성에서 빈둥빈둥 시간을 보내느라 지쳐 있었다. 반대로 너무 짧은 겨울이기도 했다. 그때 잔이 자신에게 주어진 자유로운 마지막 몇 주를 보내고 있었다고 생각하면 말이다. 그때 우리가 목이 빠지게 봄을 기다렸던 것을 생각하면 지금도 몸이 떨린다.

그 길었던 기다림에 그나마 위로가 되는 것이 있었다면 왕께서 잔과 우리 가족들에게 귀족 작위*를 내려주신 일이

작위
벼슬과 지위를 통틀어 이르는 말.

다. 그것은 정말이지 크나큰 영광이었다. 그러나 단순한 감사의 표시로는 조금 과해 보였다. 잔의 사명이 거기서 끝나리라는 것을 뜻하는 것이었을까?

　마침내 우리가 다시 투쟁을 시작했을 때, 잔이 부릴 수 있는 군대의 규모는 너무나 작아져 있었다. 병사 수가 겨우 삼사백 명이었다. 그뿐이었다. 그런 인원으로 무엇을 할 수 있었겠는가?

　하지만 잔은 멈출 이유를 찾지 못했다. 영국인들이 우리 프랑스 땅에 여전히 머무르고 있었으므로, 어떠한 희생을 치르더라도 전쟁은 계속되어야 했다.

　그리고 5월의 그 끔찍한 날이 다가왔다. 우리는 부르고뉴파 수중에 있는 이웃 요새를 공격하기 위해 콩피에뉴를 벗어났다. 우리가 유리한* 상태에서 적군들을 곧 휩쓸어 버리려 할 때, 적들의 지원군이 도착했다. 후퇴해야 했다. 잔은 평소처럼 진군 중지를 명했다.

　그러나 불행히도 이때 콩피에뉴 주민들은 적들이 우리를 추격하여 도시 안으로 들어오지 않을까 염려하고 있었다. 주민들은 안전을 위해 도개교*를 올렸다. 다른 방법이 없었다. 결국 우리는 수적으로 우세한 적의 손아귀에 놓이고 말았다. 어느 부르고뉴파 사람이 잔에게 소리쳐 말했다.

유리하다
이롭다.

도개교(跳開橋)
배가 지나갈 수 있도록 다리의 몸체 한쪽 끝이 들리게 만든 다리.

"우리에게 항복하고 충성을 바쳐라."

잔은 거부했다.

"나는 다른 쪽에 이미 충성을 맹세했고 앞으로도 그 맹세를 지킬 겁니다."

누군가 금으로 만든 잔의 겉옷 자락에 활을 쏘았고, 잔은 말에서 땅바닥으로 굴러 떨어졌다. 나는 잔을 구하기 위해 내 말에 박차를 가했다. 하지만 무슨 일이 일어난 것인지 알아차리기도 전에 적의 호된 일격이 뒤따랐고, 나 역시 바닥에 쓰러졌다. 우리는 감옥에 갇히게 되었다.

중세 말 전사들은 무거운 갑옷으로 몸을 보호한 채 말을 타고 싸웠다. 전쟁은 기사의 운명이자 프랑스 귀족의 존재 이유였다. 많은 기사들이 전쟁으로 목숨을 잃었다. 물론 하류층 남자들도 전쟁에 참여했다는 사실을 잊지 말아야 한다.

잔의 갑옷?

오를레앙 원정 전에 잔을 위한 갑옷이 만들어졌는가? 단정할 수 있는 근거는 아무것도 없다. 잔의 것이라고 전해지는 갑옷을 보고 그녀의 키가 1미터 60센티미터가 조금 안 되었다는 것을 짐작할 수 있을 뿐이다.

▶ 잔의 갑옷?

◀ 메젠티우스의 갑옷을 나무에 거는 아이네아스. 1469년, 15세기, 파리

우리는 싸움을 계속했다. 그러나 위대한 시간은 지나가 버렸다.

몸의 보호

15세기의 갑옷은 오랜 시간에 걸친 야금술의 발전을 보여 준다. 관절 부분에서 나누어지는 여러 조각으로 조립된 갑옷은 말을 타고 싸우는 전사의 몸 전체를 덮어 주었다. 관절 부분에서 나누어지는 것은 전사들이 몸을 보호할 때 약점이 되기도 했다. 마구는 무거워서 전사들의 움직임을 방해했다. 땅에 쓰러지기라도 하면 움직이기가 매우 어려웠다.

전투

갑옷 속에 가려져 얼굴이 보이지 않았으므로, 전사들은 서로를 알아보기 위한 신호가 필요했다. 문장(紋章)이 그 역할을 했다. 전투가 벌어지는 동안 그것으로 양쪽 왕가를 구별할 수 있었다. 프랑스의 문장은 백합이었고, 영국의 문장은 사자였다. 전사들은 또한 서로를 구별하기 위해 구호를 사용하기도 했다.

◀ 프랑스 인과 영국인 사이의 전투. 프랑스와 영국 연대기, 파리

말을 탄 잔

뛰어난 기사였던 잔은 짧은 전투 경력 동안 여러 마리의 말을 사용했다. 그녀 자신을 위한 준마 다섯 마리, 그리고 측근들을 위한 말 일곱 마리가 그것이다.

◀ 잔은 15세기부터 말을 탄 모습으로 자주 형상화되었다. 갑옷을 입고 말을 탄 잔 다르크, 낭트

▼ 기장을 든 잔 다르크의 초상화. 15세기, 파리

잔의 기장

이 그림에서 잔은 갑옷을 입고 오른손에 검을 들고 있다. 그녀의 기장에는 그녀가 지시한 내용과 일치하는 그림이 그려져 있다. '예수 마리아'라는 이름이 적혀 있고 천사가 들고 있는 백합꽃에 축복을 내리는 예수의 모습이 형상화되어 있다.

감옥에서 화형대로

우리를 참패*하게 한 장본인의 이름은 리오넬 드 방돈이었다. 전투에서 부상을 입어 얼굴이 흉측해지고 사지가 불구*가 된, 하얀 마구를 착용한 이 전사는 우리를 감옥에 가둔 장 드 뤽상부르*의 부관*이었다.

우리가 체포되자 적들의 기쁨은 커졌다. 그들은 우리를 클레루아 요새에 있는 좁은 감방에 가두었고, 그 후에는 보리외 레 퐁텐에 있는 강력히 요새화*된 성 안에 가두었다. 우리는 체념 속에 고통스러운 포로 생활을 견뎌야 했다. 나는 잔을 볼 수 없게 되었다.

임무에 소홀하거나 자비심이 조금 있는 간수들이 때때로 나에게 잔의 소식을 알려 주었다. 그렇게 하여 잔이 부르고뉴 공과 그의 부인이 있는 누아용으로 끌려갔다는 사실을 알 수 있었다.

참패
참혹한 실패나 패배.

불구
몸의 어느 부분이 온전하지 못하거나 기능을 잃은 상태.

장 드 뤽상부르
부르고뉴 공과 가까운 사이였던 영국 왕의 봉신(땅을 받은 신하).

부관
여러 가지 군사 행정을 맡아 하는 군인.

요새화
어떠한 적이 쳐들어와도 물리칠 수 있도록 튼튼한 요새로 꾸밈. 또는 그렇게 꾸며 놓은 것.

그 애가 다시 돌아오고 시간이 조금 지난 어느 날, 감방 문 뒤에서 치열한 몸싸움과 울부짖음을 들었다. 잔이 다시 감방에 갇히기 전에 간수들에게 저항하며 내 감방의 문을 열려고 했던 것이다. 나는 잔의 용기를 다시 한 번 보여 주는 탈주 시도에 미소를 지었던 것 같다. 그것이 내 곁에 그 애가 있다는 마지막 신호라는 것도 모르고 말이다.

잔은 보르부아르 성으로 끌려갔다. 이제 다시는 잔을 내 품에 안아 볼 수 없게 된 것이다.

그 후로 이어진 몇 달은 죽는 것보다 못할 만큼 끔찍했다. 나는 성벽 총안*으로 들어오는 가느다란 빛 말고는 햇빛을 전혀 보지 못한 채 더러운 감방 안에서 웅크리고 지냈다. 잔에 대한 소식은 거의 들을 수 없었고, 어쩌다 소식을 들을라치면 격심한 공포에 사로잡혔다. 잔은 갇혀 있던 탑에서 뛰어내려 또 탈주를 시도했다고 했다. 돌이켜 생각해 보면 잔은 자신이 거액의 몸값에 영국인들 손에 넘겨질 거라는 사실을 알고 있었던 것 같다. 그러나 안타깝게도 잔은 부상을 입고 다시 붙잡혔다.

이후 어떤 일이 벌어질지는 뻔했다. 잔은 루앙으로 보내졌고 부브뢰일 요새의 쿠로네 탑에 갇혔다. 발에는 사슬이 묶였다. 병사들은 잔에게 야유*를 보내고 모욕적인 말을

총안(銃眼)
총을 쏘려고 보루나 성벽에 뚫어 놓은 구멍.

야유
남을 빈정거리며 놀리는 것.

 퍼부었다.

 사람들은 잔이 이단 선고를 받았다는 말을 듣고 그 애에게 치욕*을 주었다. 하지만 이내 그 애를 다시 전쟁 포로로 취급했다. 일이 제대로 되었더라면 잔은 대주교가 있는 도시의 감옥에서 여자 간수들의 감시를 받으며 지냈을 것이다. 코숑 주교가 그 부당한 재판을 담당하게 될 예정이었다.

 그 몇 주 동안 잔은 우선 성의 예배당에서 심문을 받았고, 감옥에서도 심문을 받았다. 심문을 받는 동안 잔은 자

치욕
수치와 모욕.

신이 타락했음을 밝혀내려는 수많은 질문들에 대답해야 했다. 수십 명이 동레미에서 온 농부 처녀에게 질문을 퍼부으며 지칠 때까지 들볶았다. 때로는 병이 나기도 해, 그 애가 죽는 게 아닌가 염려할 정도였다.

그러나 잔은 그런 힘든 상황에서도 늘 다시 일어서려고 기회를 노렸다. 신학자 장 보페르가 잔에게 질문했다.

"너는 네가 하느님의 은혜 속에 있다고 생각하느냐?"

잔은 이렇게 대답했다.

"만일 제가 하느님의 은혜 속에 있지 않다면, 하느님께서는 제게 은혜를 내려 주실 겁니다. 반대로 제가 하느님의 은혜 속에 있다면, 계속 은혜 속에 있게 해 주실 거고요."

참으로 훌륭한 대답이 아닌가. 재판관들조차 깜짝 놀랐다. 하지만 판결이 이미 정해져 있는 재판에서 그 누가 이길 수 있겠는가?

5월 24일, 잔은 여러 거리들을 지나 생 투앙 묘지로 인도되었다. 화형대가 세워진 가운데 수많은 군중이 모여 수런거리고* 있었으며, 사형 집행인이 자신의 임무를 완수하기 위해 기다리고 있었다.

신학 박사 한 명이 가능한 한 극단적인 폭력은 쓰지 말아야 한다는 강론*을 했다. 그러나 잔은 거의 듣고 있지 않았

수런거리다
여러 사람이 한데 모여 수선스럽게 자꾸 지껄이다.

강론
교리를 설명하여 신자를 가르침.

다. 갑자기 신학 박사가 큰 소리로 외쳤다.

"잔, 나는 너에게 말하고 있는 것이다. 네가 섬기는 왕이 이단자이며 분리주의자*라고 말하고 있는 것이다."

잔은 씩씩한 태도로 대답했다.

"그 말씀은 제 명예를 걸고 사양하겠습니다. 저는 그분이 모든 기독교인 중에서도 가장 고귀한 기독교인이라는 것을, 그리고 하느님과 교회를 무척이나 사랑하신다는 것을 제 목숨을 걸고 맹세할 수 있습니다. 당신이 말씀하신 것은 사실이 아닙니다."

그러자 코숑이 판결문*을 읽어 내려갔다. 판결문에 따르면 잔은 영국인들에게 넘겨질 것이다. 그 순간, 잔의 주변에 있던 사람들이 잔에게 그만 굴복하라고 애원했다.

"지금 한 말을 취소하라. 그러지 않으면 너는 화형에 처해질 것이다."

그때 잔은 갑작스러운 두려움에 사로잡혔는지도 모르겠다. 잔은 사람들의 강요에 못 이겨 그들이 시키는 대로 했던 말을 취소하고 거짓 자백을 했다. 자신은 남자 옷을 입고 우상 숭배자*이자 분리주의자가 되었으며, 무고한 사람들이 피를 흘리기를 바랐다고…….

모든 것을 자백한 뒤 그 애는 기이한 소리를 내며 웃었다

분리주의자
교회 안에서 분리를 선동하는 사람.

판결문
법원이 판결 내용을 적은 문서.

우상 숭배자
신 이외의 사람이나 물체를 신앙의 대상으로서 숭배하는 사람.

고 한다. 직접 듣지는 못했지만, 그 웃음소리는 지금까지도 내 귓전을 울린다. 그 웃음은 영국인들의 성난 부르짖음을 겨냥한 것이었을까? 아니면, 죽음을 면했다는 안도감의 표현이었을까?

내 가여운 누이동생은 자신의 신념을 포기하고 전향*한다며 십자가를 그어 서명했다*. 물론 그 애는 자기 이름을 쓸 줄 알았지만, 전투하는 동안에는 간단히 십자가를 그어 서명하는 습관이 있었다. 나는 잔이 일부러 그런 속임수를 쓴 것은 아닌가 생각해 본다. 웃음만으로는 자신의 진짜 입장을 충분히 표현하지 못했다는 생각 때문에 말이다.

코숑이 판결문을 계속 읽어 내려갔다.

"너에게 빵과 물만 지급되는 종신형*을 선고한다. 감옥 안에서 눈물로 속죄하고 다시는 죄를 저지르지 말도록 하여라."

잔은 종교 재판 관할 감옥으로 끌려가지 않았다. 판결문에 그렇게 쓰여 있었기 때문이다. 사람들은 잔을 영국인들의 감옥으로 보냈다.

"전하, 걱정하지 마십시오. 우리가 저 처녀를 다시 붙잡아 올 겁니다."

코숑이 바르비크 백작에게 중얼거렸다. 바르비크 백작

전향
종래의 사상이나 믿음을 바꾸어 반대되는 사상이나 믿음으로 돌림.

십자가를 그어 서명하다
중세에는 글을 쓸 줄 모르는 사람들이 십자가를 그려 서명을 대신하는 풍습이 있었다.

종신형
기간을 정하지 않고 죽을 때까지 교도소에 가두는 형벌.

은 영국인들이 잔을 살려 둘까 봐 걱정하고 있었다.

그가 옳았다. 그러나 얼마 지나지 않아 잔은 자신이 전향한 것은 거짓이었다고 선언했다.

다시 이단자가 된 잔은 막다른 상황에 처했다.

5월 30일 아침, 사람들이 잔에게 그날 중으로 화형을 당할 거라고 알려 주었다. 잔은 엄청난 공포를 느꼈을 것이다. 잔은 머리칼을 쥐어뜯으며 이렇게 울부짖었다고 한다.

"나를 이렇게 잔인하고 처참하게 다루다니. 정결하여* 결코 부패하지 않아야 할 내 몸을 오늘 불에 태워 재로 만들어 버린다니. 아! 이렇게 화형을 당하느니 차라리 일곱 번 목을 베이는 게 낫겠습니다. 위대한 재판관이신 하느님께 저들이 제게 행한 몹쓸 짓을 아룁니다."

잠시 후에 코숑이 나타나자 잔이 말했다.

"주교님, 저는 당신 때문에 죽게 됐습니다."

"진정해라, 잔. 너는 네가 약속한 것을 지키지 않고 네 죄악으로 되돌아갔기 때문에 죽게 된 것이다."

"만약 당신이 저를 종교 재판 관할 감옥에 가두셨다면, 저를 성직자를 위한 유능하고 예의 바른 간수의 손에 넘기셨다면, 이런 일은 일어나지 않았을 겁니다. 하느님 앞에서 당신에게 이의를 제기합니다."

> 정결하다
> 정조가 굳고 행실이 깨끗하다.

착잡하다
갈피를 잡을 수 없이 뒤섞여 어수선하다.

승모(僧帽)
고위 성직자들이 쓰는 뾰족하고 높은 삼각형 모자.

배교자
자신이 믿던 종교를 등진 사람.

지금 내 심정은 매우 착잡하다*. 마지막 단어들을 쓰고 있는 손이 떨려 온다. 내 가여운 누이동생 잔의 고통이 견딜 수 없도록 생생하게 내 심장을 꿰뚫기 때문이다. 내 유일한 위안은 그 애가 천국에 가 있다는 믿음이다.

짐수레에 탄 잔은 백 명가량의 병사들의 호위를 받으며 사람들로 붐비는 루앙의 거리들을 지나 비외마르셰 광장으로 인도되었다.

주민들은 긴 드레스를 입고 승모*를 쓴 사형수를 보려고 지붕 위에 올라가 있었다. 승모에는 이렇게 씌어 있었다.

'이단자, 배교자*, 우상 숭배자.'

마지막 강론이 있은 후 사람들은 잔을 무릎 꿇렸다. 잔은

적들을 용서하고, 참석한 사람들에게 자신을 위해 기도해 달라고 청했다.

성직자들은 잔을 속인*들의 손에 맡긴 채 광장을 떠났다. 병사들이 잔을 붙잡아 화형대로 끌고 갔다. 화형대에는 단이 설치되어 있었다.

한 영국인이 나무토막 두 개로 만든 작은 십자가를 잔에게 건네주었다. 사람들이 잔을 기둥에 묶는 동안 그 애는 그 십자가를 소중히 지니고 있었다. 종교 행렬에 쓰이는 커다란 십자가 하나도 건네졌고, 잔은 그것도 품에 안았다.

사형 집행인이 나뭇단을 잔의 얼굴 높이까지 쌓고 화형

속인
성직자가 아닌 일반 사람을 일컫는 말.

대에 불을 붙였다. 불길이 치솟았다.

잔은 예수님의 이름을 소리쳐 불렀고, 이윽고 고개가 아래로 떨어지더니 영혼이 떠나갔다.

사형 집행인이 와서 자신이 임무를 완수했음을 보이려고 나뭇단을 헤쳐 놓았다. 그런 다음 잔의 몸이 완전히 불에 타도록 나뭇단을 다시 잔의 몸 가까이로 옮겼다. 다 타고 남은 재는 센 강에 뿌려졌다.

잔, 사랑하는 내 누이동생, 너는 정직하고 소박하고 올곧은 아이였다. 그들이 너를 이단자로 만들었지. 어떻게 그 판결을 받아들인단 말이냐. 잔인하고 음산한 그 일이 일어난 이후 날짜는 흐르지 않고 멈춰 있는 듯하다. 그 부당한 처사가 내 마음과 영혼을 고문한다. 나는 너처럼 그들을 용서할 수가 없구나.

잔, 우리의 적들을 하느님께서는 불쌍히 여기셨지만, 그들이 결국 패했다는 것을 아니? 사람들이 때때로 너의 이야기를 성사극*으로 만들어 공연한다는 것을 아니? 오를레앙 해방을 기억하고 너의 영예를 기리기 위해 매년 행진을 벌인다는 것을 아니?

너를 위해 씌어진 아래의 말로 내 이야기를 마치고 싶구

성사극(聖史劇)
중세에 공연하던, 종교적 주제를 담은 연극.

나. 만약 네가 이 말을 들을 수 있다면 너의 두 눈에는 눈물이 가득 고이겠지.

"너, 하느님의 영광을 입고 지극히 축복받은 퓌셀아, 너는 프랑스를 묶었던 밧줄을 풀어 주었다. 사람들은 너를 무한히 찬양할 것이다. 전쟁으로 그토록 고통받았던 이 땅의 사람들에게 네가 평화를 가져다주었구나."

정의는 다양하다. 해가 갈수록 중요해지는 왕의 정의에 제후와 교회의 정의가 덧붙여졌다. 정의는 법치 국가의 발전을 보여주는 사적이고 숙련되고 유능한 모든 것을 전제로 한다.

왕실의 정의
정의는 평화 유지와 함께 왕의 커다란 임무였다. 사법적 위계질서의 꼭대기에는 파리 의회가 있었다.

▼ 법정에 선 사법관과 서기들. 왕족들의 통치에 관한 책, 파리

▼ 참수형. 몽스트를레 연대기, 파리

그러자 코숑이 판결문을 읽어 내려갔다.

형벌들
죄인들은 공개 사죄에서 교수형과 참수형에 이르기까지 다양한 형벌을 받았다. 그러나 왕실의 은총이 언제나 개입할 수 있었다.

종교재판소
이단 문제는 종교재판소 관할이었다. 주교와 종교 재판관, 두 명의 판사가 재판을 주재했다. 회개하지 않거나 다시 이단에 빠진 자는 평신도들의 손에 넘겨져 화형대로 끌려갔다.

화형대의 잔

사형 집행인 조프루아 테라주가 잔을 기둥에 묶은 뒤 나뭇단을 더 쌓았다. 잔은 곧 그녀를 불태워 없애 버릴 불길처럼 붉은 드레스를 입고 있었다. 잔 앞에서 코송 주교가 손으로 그녀를 가리키고 있는데, 이 행동은 이 사건에 대한 논쟁을 불러일으켰고 여기까지 이끌어 온 사람이 바로 그라는 사실을 잘 보여 준다. 뒤쪽에는 마르탱 라브뉘 신부가 그리스도가 매달린 십자가를 들고 서 있다.

◀ 화형대 위의 잔. 샤를 7세의 야경꾼들, 파리

▼ 잔에게 용서를 구하는 영국인 간수들. 플레시이 부레 성

부브뢰일 성 탑의 내부

감옥

부브뢰일 성의 쿠로네 탑은 사라지고 없다. 그러므로 위의 사진은 잔이 여러 달 동안 갇혀 있던 감방 모습과 똑같지는 않다. 그러나 잔이 갇혔던 감방 역시 위의 사진과 많이 다르지 않았을 것이다. 여죄수는 엄중하게 감시를 받았고 늘 사슬에 묶여 있었다. 영국 감옥 안에서 그녀의 존재는 특별한 것이었다. 그녀는 종교재판소에서 판결을 받았으므로, 실은 종교 재판 관할 감옥에서 여자 간수들의 감시를 받아야 했던 것이다.

역사 속에 나타난 잔

● 이야기의 출처들

잔 다르크 이야기는 오를레앙 해방 때부터 편지, 시, 연대기 등 온갖 종류의 글이 씌어질 정도로 방대한 울림을 불러일으켰다. 이야기에는 그림 자료가 덧붙여졌다. 동레미 출신 처녀의 명성을 보여 주는 그 풍부한 참고 도감은 정확성보다는 다양성 때문에 가치가 있다. 사람들은 잔을 긴 드레스를 입고 머리칼이 긴 처녀의 모습으로 자주 묘사했다.

잔의 사람됨은 그녀가 받은 두 번의 재판을 통해 알 수 있다. 그녀가 받아야 했던 긴 심문은 그녀의 진실함과 소박함을 알려 주고 그녀의 명예를 회복시켜 준다. 사람들은 동레미까지 가서 조사했고, 잔이 어린 시절에 함께 했던 사람들의 증언을 들었다. 그녀와 함께 모험을 하고 싸운 사람들의 증언으로, 2년 동안 이루어진 그녀의 업적에 대한 설명이 완성되었다.

● 잔의 죽음 이후

잔의 운명이 1431년의 판결을 뒤엎는 1456년의 재판 혹은 화형과 함께 모두 끝난 것은 아니다. 오를레앙의 라 퓌셀이 사람들의 기억 속을 계속 떠나지 않았기 때문이다.

16세기에서 19세기까지 그녀에게 헌정된 책들 제목을 열거하자면 끝이 없을 것이다. 여기서는 잔에 관한 사료가 윤색되어 제3공화국 초기부터 격렬한 논쟁을 불러일으켰다는 사실만 짚고 넘어가겠다.

▲ 샤를 7세 앞에 선 잔

샤를 7세 앞에 선 잔
백합 문양이 그려진 망토를 입고 손에 왕홀을 든 왕 앞으로 동레미에서 온 처녀가 나아간다. 시농에서의 첫 알현은 황혼 직후에 횃불로 밝힌 방에서 이루어졌고 군주는 조신들에게 둘러싸여 있었다.

공화주의자들은 조국을 지키기 위해 목숨을 바친 착실한 기독교도인 여자 영웅을 기꺼이 기렸다. 가톨릭 신자들 또한 정치적으로 대립되는 기독교인들이 이 처녀에 대한 기억을 독차지하기를 바라지 않았다.

1920년 교황 베네딕투스 15세가 잔을 성인의 반열에 올림으로써 이러한 경쟁은 마침내 결말을 맞게 된다.

● **저자의 의도**

필자는 이 이야기를 잔의 오빠들 중 한 사람인 피에르의 입을 통해 서술하고 싶었다. 특권을 부여받은 증인인 그는 잔의 어린 시절부터 그녀가 전투를 시작해서 콩피에뉴에서 체포될 때까지 그녀 옆에 있었다. 그는 몸값을 치르고 석방되기 전까지 그녀의 험난한 감옥 생활에 대해서도 알고 있었다.

필자는 오를레앙으로 그녀의 발자취를 따라갔다. 생 에냥 드 상디용에 이르기까지 소작지가 펼쳐져 있었고, 아프리카 인들의 거리에는 집 한 채가 서 있었다.

사실 피에르가 글을 잘 썼을 것 같지는 않다. 하지만 그는 루아르 강가에서 보낸 긴 몇 년 동안 잔에 대한 자신의 추억을 되새기지 않았을까? 그 모험은 매우 특별한 것이었고, 그는 그것을 직접 겪어 냈다. 그가 이 이야기를 쓰고 있는 시점에서 약 일 년 뒤인 1457년 7월 18일, 그는 자신의 아들 장을 결혼시킨다.

잔의 어머니 이자벨 로메에 대해 말하자면, 거의 80세까지 살다가 1458년 11월 28일 피에르 곁에서 숨을 거두었다.

잔의 초상화
파리 의회의 서기 한 사람이 회의 기록부 여백에 낙서를 남겨 놓았는데, 거기에 잔 다르크의 모습으로 추정되는 초상화가 있다. 그 서기는 그녀를 보지는 못했지만 그녀의 첫 번째 승리에 대해 막 들은 참이었다. 이것이 잔의 모습으로 알려진 가장 오래된 그림이다. 이미 검과 기장이 이 농부 처녀가 가진 중요한 권한을 잘 보여 주고 있다.

▼ 파리 의회의 회의 기록부, 1429년

어린이부터 청소년까지

프랑스 갈리마르 **인물 역사 총서**

신화와 역사 속 영웅을 찾아 떠나는 놀라운 지식 여행!
인문 교양 지식 분야에서 세계 최고인 프랑스의 갈리마르 출판사에서 발행한
역사, 인물, 신화, 문명에 대한 종합적인 교양서!

 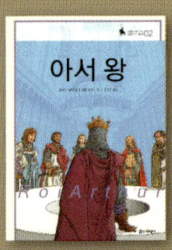   
  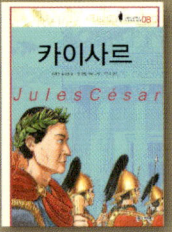  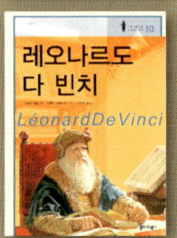

 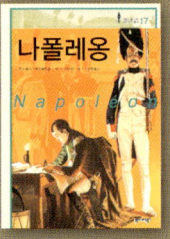   

01 이집트 신	06 율리시스	11 예수	16 다윈
02 아서 왕	07 콜럼버스	12 알렉산더 왕	17 나폴레옹
03 로마 건국자	08 카이사르	13 잔 다르크	18 노예
04 알라딘	09 마르코 폴로	14 해적	19 그리스 신화
05 모세	10 레오나르도 다 빈치	15 바이킹	20 클레오파트라